ISBN 978-3-7432-1199-5
1. Auflage 2022
erschienen unter dem Originaltitel
The Pocket Book of Garden Experiments. 80 Fun Activities for Families

Aus dem Englischen übersetzt von Anna Taube
Umschlag- und Innenillustrationen: Sarah Skeate
Umschlaggestaltung: Michael Dietrich
Printed in China

www.loewe-verlag.de

HELEN PILCHER

AB NACH DRAUSSEN!

DIE 80 SPANNENDSTEN NATUR-EXPERIMENTE

Loewe

INHALT

3 Faszinierende Pflanzen

4 Experimentier-Küche

EINLEITUNG

Wenn du dich schon einmal gefragt oder gewundert hast, warum etwas ist, wie es ist, dann hast du wie eine Forscherin oder ein Forscher gedacht. Forscher*innen wollen wissen, wie die Welt funktioniert. Sie sind wissbegierig. Sie stellen viele Fragen, formulieren „Hypothesen", also Vermutungen, und führen Versuche durch, um zu testen, ob ihre Hypothesen richtig sind. Mit jeder neuen Erkenntnis überdenken Forscher*innen ihre Sicht auf die Welt.

Dieses Buch soll den Forschergeist in dir wecken! Es soll dir helfen, die Welt um dich herum mit all ihren Wundern kennen- und schätzen zu lernen. Es ist vollgepackt mit Experimenten und Aktivitäten, die deine Neugier fördern und deine Vorstellung von der Welt erweitern.

Alle Experimente drehen sich rund um die Natur. Du kannst sie in deinem Garten und mit dem, was darin ist, durchführen. Keine Bange! Wenn du

keinen Garten hast, begib dich einfach in einen Park in deiner Nähe oder in den Wald oder auf eine wilde Wiese. Für einige Aktivitäten reichen ein kleiner Balkon, ein Blumenkasten oder ein Pflanzkübel völlig aus, andere können im Haus gemacht werden. Eins haben alle Experimente gemeinsam: Sie entspringen der Faszination für die wunderbare Welt der Tiere und Pflanzen.

Die meisten Experimente kannst du ohne die Hilfe eines Erwachsenen durchführen. Bei einigen empfehlen wir dir jedoch, dir Unterstützung zu holen. Wo das der Fall ist, siehst du dieses Symbol. Die Aktivitäten in diesem Buch sind für Kinder ab zehn Jahren ausgelegt, doch auch jüngere werden daran Spaß haben – sie brauchen vielleicht einfach ein bisschen mehr Hilfe.

Das Buch ist in vier Kapitel unterteilt: „Wunderbare Natur", „Erstaunliche Erde", „Faszinierende Pflanzen" und „Experimentier-Küche". Du kannst sie der Reihe nach durcharbeiten. Oder du führst einfach das Experiment durch, auf das du gerade Lust hast.

Was du für welches Experiment brauchst, wird immer genau aufgelistet. Meistens sind es Gegenstände, die du ohnehin im Haus oder dem

Garten findest. Die Anleitungen sind kurz und verständlich und überall im Buch findest du interessante Hintergrundinfos. Wusstest du beispielsweise, dass Schmetterlinge mit ihren Füßen schmecken?

Also, worauf wartest du noch? Leg los und grabe, pflanze, bau, beobachte, dekoriere, experimentiere und bring Pflanzen zum Wachsen. Vor allem aber: Geh raus in die Natur und hab Spaß!

1

WUNDERBARE NATUR

Ob du mitten in der Großstadt lebst oder auf einem Bauernhof zwischen Wiesen und Feldern – Tiere und Pflanzen gibt es überall! Die Erde wimmelt nur so vor sprießendem, fliegendem, schwimmendem, kriechendem und hüpfendem Leben. Viel zu oft übersehen wir die kleinen Wesen, die direkt vor unserer Haustür leben. Doch wenn du dir Zeit nimmst und schaust und die Ohren spitzt, wirst du sehen, wie viel eigentlich in deinem Garten los ist.

WUNDERBARE NATUR

Bestäuber wie Bienen und Schmetterlinge (wie etwa das Pfauenauge auf der Seite gegenüber) besuchen die Blumen in unseren Pflanzkübeln und Blumenbeeten. Amphibien verstecken sich an feuchten, dunklen Orten. Vögel schmettern ihre Lieder aus den Wipfeln der Bäume, flattern herab und picken nach Meisenknödeln, die wir für sie aufhängen. Kleinstlebewesen wie Schnecken, Spinnen und Käfer flanieren im Garten, während sich Raupen auf ihren Futterpflanzen in aller Ruhe dick und satt fressen.

Vielleicht gibt es in deinem Garten sogar einen Teich, der nur so strotzt vor Leben: Teiche sind wahre Anziehungspunkte für Tiere und Pflanzen. Sie alle brauchen Wasser zum Leben, einige mehr als andere. Der Teichläufer, der Gemeine Flohkrebs oder auch die Schlankjungfer (die Libelle unten) leben in und am Wasser, und Landlebewesen wie Vögel und viele Säugetiere kommen ans Ufer, um zu trinken.

Ihnen zuzusehen, ist wundervoll, doch die Tier- und Pflanzenwelt in unserem Garten spielt auch eine lebenswichtige Rolle. Jedes Lebewesen ist Teil eines genau ausbalancierten Ökosystems und hat darin seine Aufgabe. Bestäuber fliegen von Blüte zu Blüte, sammeln Pollen und Nektar und befruchten dabei die Pflanzen. Vögel helfen, die Anzahl an Insekten und anderen Krabbeltieren im Gleichgewicht zu halten. Pilze, Bakterien und tierische Kleinstlebewesen machen aus organischen Resten wertvollen Humus.

Es gibt so viel Wunderbares und Unglaubliches in der Natur zu entdecken! In diesem Kapitel findest du Experimente, die dir die Augen für die Welt der Tiere und Pflanzen um dich herum öffnen. Du wirst sie anlocken, deine Beobachtungen notieren und die Bedürfnisse der vielen verschiedenen Lebewesen besser verstehen lernen.

Ganz nebenbei wirst du herausfinden, wie du den Lebewesen in deinem Garten helfen kannst, indem du Futter bereitstellst oder neue Lebensräume für sie schaffst. Du wirst Schwebfliegenlarven eine Kinderstube bauen, Nachtfalter mit Leckereien anlocken und einen tierfreundlichen Blumengarten anlegen.

Das Beste daran ist: Wenn du erst einmal angefangen hast, dich um die Tiere und Pflanzen in deinem Garten zu kümmern, kannst du gar nicht mehr damit aufhören. Es braucht nur wenig, um hier einen Ort zu schaffen, in dem sich unzählige Lebewesen wohlfühlen. Willkommen mitten im schwirrenden Leben!

1

Dein Naturforscher-Handbuch

Naturforscher*innen schreiben ihre Experimente meistens auf. So können sie später immer wieder nachlesen, was sie herausgefunden haben. Erstelle dein eigenes Naturforscher-Handbuch und notiere darin, was du aus den Experimenten, die du mit diesem Buch ausprobierst, lernst.

Das brauchst du:

- **Notizbuch**
- **Stift**
- **alte Zeitschriften**
- **Kleber**

Um dein eigenes Naturforscher-Handbuch zu erstellen, brauchst du ein unbenutztes Notizbuch. Am besten nimmst du eins mit Pappdeckeln, denn darin schreibt es sich einfacher, wenn du draußen unterwegs bist. Wenn du kein Notizbuch hast, kannst du auch einige Seiten weißes Papier zusammentackern.

Schreibe vorne deinen Namen drauf und darunter: „Naturforscher-Handbuch“. Verziere es mit Mustern oder schneide aus den Zeitschriften schöne Naturfotos aus und klebe sie auf. Tiere, Pflanzen oder Landschaften machen sich richtig gut, aber es ist dein Tagebuch. Gestalte es also, wie es dir am besten gefällt!

Notiere alle Experimente, die du machst. Beginne für jedes auf einer neuen Seite. Wissenschaftler*innen dokumentieren ihre Versuche immer auf eine ganz bestimmte Weise. Mach es genauso!

Schreibe oben auf jede Seite zuallererst das Datum, den Namen des Experiments und die Seite, auf dem es in diesem Buch steht. Erkläre dann kurz, was du tun möchtest, was also das Ziel des Experiments ist. Zum Beispiel: *SCHNECKEN ZÄHLEN* *Mit diesem Experiment erforsche ich, wie viele Schnecken in einem bestimmten Winkel des Gartens leben.*

Schreibe eine Liste aller Dinge, die du brauchen wirst. Dann notierst du Schritt für Schritt, wie du vorgehen willst. Solltest du eines Tages dein Experiment wiederholen wollen (und Wissenschaftler*innen tun das ständig), weißt du genau, was du zu tun hast. Das ist der Versuchsaufbau.

Wenn du mit deinem Experiment fertig bist, notierst du die Ergebnisse. Schreibe deine Beobachtungen und gesammelten Daten genau auf – und ergänze die Notizen durch Zeichnungen oder Fotos. Dies sind deine Versuchsergebnisse.

Schreibe deine Experimente auf. Gliedere sie durch Überschriften: Ziel, Versuchsaufbau, Versuchsergebnis, Fazit.

Überlege dir nun, was du aus deinem Experiment gelernt hast. Wie erfolgreich war es? Hat der Versuchsaufbau funktioniert, wie du es dir erhofft hast? Wie könnte er verbessert werden? Was kannst du aus den Ergebnissen lernen? Vergleiche deine Beobachtungen und zieh Schlüsse daraus. Das ist dein Fazit.

2

Vogelstimmen-Playlist

Viele Leute laufen mit Kopfhörern durch die Gegend. Doch während sie ihre Musik hören, verpassen sie die schönsten Klänge um sie herum: den Vogelgesang. Stelle deine Vogelstimmen-Playlist zusammen und lerne dabei, die unterschiedlichen Gesänge deiner Lieblingsvögel auseinanderzuhalten und zu bestimmen.

Das brauchst du:

Aufnahmegerät
(z. B. ein Smartphone)

deine beiden Ohren

Jede Vogelart singt anders. Manche schmettern lauthals Melodien, andere tschilpen leise vor sich hin. Manche Gesänge sind lang und kompliziert, andere kurz und einfach. Am Anfang wird es dir vielleicht noch schwerfallen, die verschiedenen Vogellaute auseinanderzuhalten. Sie aufzunehmen und immer wieder anzuhören, kann dabei helfen.

Vogelstimmen nimmst du am besten tagsüber auf, wenn weniger Vögel singen (in der Morgendämmerung zwitschern sie alle durcheinander). Nimm mit deinem Aufnahmegerät zunächst fünf verschiedene Gesänge auf. Vielleicht siehst du auch die singenden Vögel dazu. Das macht es dir leichter, die Art zu bestimmen und dem Gesang zuzuordnen.

Versuche zu Hause herauszufinden, welche Vögel du aufgenommen hast. Im Internet gibt es tolle Seiten, die dir dabei helfen können. Achte auf die Komposition des Gesangs. Gibt es ungewöhnliche Merkmale oder Stellen, die sich wiederholen? Manche Gesänge enthalten gut wiedererkennbare Laute, die nur von einer bestimmten Vogelart gerufen werden (zum Beispiel das „Kuckuck“ vom Kuckuck).

Vogelstimmen zu erkennen ist wie eine neue Sprache zu lernen: Je mehr du übst, desto leichter wird es. Kennzeichne die Vogelgesänge, die du einer bestimmten Art zuordnen konntest, und hör sie dir immer wieder an. Wenn du möchtest, bring die Gesänge in eine Reihenfolge, in der du sie immer wieder gerne abspielst: So erstellst du deine ganz eigene Vogelstimmen-Playlist.

Wenn du geübter bist, kannst du in deinem Naturforscher-Handbuch notieren, wann und wo du welchen Vogel in deinem Garten gehört hast.

Vögel geben die unglaublichsten Laute von sich: Sie können trillern, gurren, zetern und klappern.

Vögel singen aus vielen unterschiedlichen Gründen, etwa um Partner zu gewinnen oder um ihr Revier zu verteidigen. Manche haben auch eine ganze Palette an unterschiedlichen Lauten parat und pfeifen zum Beispiel hoch und schrill, um andere vor Feinden zu warnen. Versuche, diese ungewöhnlichen Laute aufzuzeichnen und wiederzuerkennen. Entdeckst du Muster, die immer wieder auftreten? Gibt es Gesänge, die an bestimmten Plätzen eher zu hören sind als an anderen? Dann bist du vielleicht auf einen Vogel gestoßen, der hier sein Revier verteidigt.

3

Die Stunde der Vögel

Wissenschaftler*innen nehmen an, dass inzwischen ungefähr jede zehnte heimische Vogelart vom Aussterben bedroht ist. Sogar Vögel der häufig vorkommenden Arten werden weniger. Beobachte und notiere regelmäßig, welche Vögel in deiner Nachbarschaft leben und wie sich ihre Anzahl verändert.

Suche dir eine schöne Stelle, um Vögel zu beobachten. Wenn du einen Garten hast, der von Vögeln besucht wird, kannst du sie durch das Fenster beobachten. Oder du nimmst dir einen Stuhl oder eine Decke und machst es dir draußen bequem. Hast du keinen Garten, geh in den Park oder such dir eine Wildfläche. Auch in Großstädten leben Vögel. Schau dich einfach um und mach deine eigenen Entdeckungen.

Das brauchst du:

Fernglas (wenn du eins hast)

Vogelbestimmungsbuch

Stift und Papier

Proviant

Sitze still, mach keine ruckartigen Bewegungen. Entspanne dich, knabbere etwas aus deinem Proviant – und beobachte eine Stunde lang die Vögel. Benutze dein Vogelbestimmungsbuch, um herauszufinden, welche Vögel du siehst. Halte dich dabei an die offensichtlichen Kennzeichen, etwa die Größe, Form und Farbe der Vögel.

Notiere neben der Vogelart auch die jeweilige Anzahl, und zwar immer die höchste, die du siehst. Wenn du

Bewahre deine Beobachtungslisten gut auf. Universitäten und Umweltorganisationen führen regelmäßig Vogelzählungen durch und laden dazu alle Menschen ein, ihnen ihre Beobachtungen zuzuschicken. Das ist eine tolle Idee, denn so können die Wissenschaftler*innen herausfinden, wie sich Vogelbestände verändern, und wie wir am ehesten mithelfen, gefährdete Vogelarten zu schützen.

also zunächst zwei Spatzen siehst und wenig später dann vier, streichst du die „2“ in deiner Zählung durch und schreibst „4“ auf. So vermeidest du, Vögel doppelt zu zählen.

Kehre zu verschiedenen Jahreszeiten zu deinem Beobachtungsposten zurück und wiederhole deine Zählung. Im Laufe der Zeit erkennst du die Veränderungen. Einige Vogelarten wirst du vermehrt im Frühling und Sommer beobachten, denn dann brüten sie. Manchmal tauchen neue Vogelarten auf und verschwinden wieder. Das könnten Zugvögel sein, die lange Strecken zurücklegen und gerade auf der Durchreise sind oder hier einen Teil des Jahres verbringen. Oft ändert sich die Anzahl auch während des Tages: Die meisten Arten sind eher tagsüber aktiv, manche aber auch nachts und in der Dämmerung.

4

Raupen-Regenschirm

Es gibt über 150 000 Arten an Tag- und Nachtfaltern, also Schmetterlingen und Motten. Ihre Raupen leben auf vielen verschiedenen Futterpflanzen. Mit diesem einfachen Experiment kannst du feststellen, welche Raupen und Insekten verschiedene Bäume bevorzugen.

Die meisten Falter legen ihre Eier ab, wenn die Temperaturen draußen wärmer werden. Aus den Eiern schlüpfen Raupen. Du solltest also einen warmen Frühlings- oder Sommertag wählen, um dieses Experiment durchzuführen.

Das brauchst du:

- Regenschirm
- Spazierstock oder dicken Ast
- Naturführer

Halte in deinem Garten, im Park oder in deiner Umgebung nach Laubbäumen mit tief hängenden Ästen Ausschau. Laub abwerfende Bäume verlieren im Herbst ihre Blätter und Insekten lieben diese! Meide immergrüne Bäume oder Sträucher. Sie tragen ihre meist glänzenden, wächsernen Blätter das ganze Jahr über – und die mögen Raupen nicht so gern.

Wenn du einen passenden Baum gefunden hast, sieh dir die Blätter genauer an. Sehen sie angeknabbert aus oder haben sie kleine Löcher, bedeutet das: Hier hatte jemand mächtig Appetit! Sehen die Stellen frisch aus, wird das Krabbeltier nicht weit weg sein. Schau mal, ob du es entdeckst und bestimmen kannst.

Suche einen schlanken Ast etwa auf deiner Augenhöhe. Öffne den Regenschirm und dreh ihn verkehrt herum, sodass der Griff in den Himmel zeigt. Leg ihn so unter den Ast.

Schlage nun einige Male kräftig mit dem Stock auf den Ast. Achte dabei darauf, den Baum nicht zu verletzen. Schlage nicht auf die Blätter oder auf junge Triebe, sie könnten kaputtgehen. Die Raupen und Insekten, die sich an die Blätter geklammert haben, fallen jetzt herab – direkt in deinen Regenschirm hinein.

Wer tummelt sich in deinem Schirm? Zähle die verschiedenen Raupen und Insekten und bestimme sie mithilfe deines Naturführers. Kippe dann den Regenschirm um und lass die Krabbeltiere wieder laufen. Führe deinen Versuch unter einem anderen Baum durch. Findest du hier dieselben Insekten oder doch andere? Leg in deinem Naturforscher-Handbuch eine Liste an und notiere dir, welche Tierchen du auf welchen Bäumen und Sträuchern findest.

Achtung: Fasse die Raupen und Insekten nie an! Denn sie sind einerseits sehr zart und verletzlich und können andererseits manchmal bei Berührung allergische Reaktionen verursachen. Haarige Raupen, die sich in großen Mengen auf Eichen sammeln, darfst du auf keinen Fall herunterschütteln oder ihnen zu nahe kommen – das sind die giftigen Raupen des Eichenprozessionsspinners!

5

Leckerei für Nachtfalter

Viele Leute denken, Motten seien vor allem braun und langweilig, aber das stimmt überhaupt nicht. Oft sind die sogenannten Nachtfalter fröhlich bunt, sie haben unterschiedliche Formen und Größen und sie spielen eine wichtige Rolle im Kreislauf der Natur. Mit dieser Leckerei kannst du sie anlocken und beobachten.

Das brauchst du:

- 330 ml Cola
- 500 g Zucker
- 200 g Melasse (Zuckersirup)
- Kochtopf
- Malerpinsel
- Taschenlampe
- Naturführer

Führe dieses Experiment am besten im Sommer durch. Einige Motten sind auch tagsüber unterwegs, aber viele kommen erst abends hervor. Zuckerlösung lieben sie, da sie dem Nektar und Saft von Pflanzen sehr ähnlich ist, von dem sich die meisten Falter ernähren.

Bereite deine Zuckerlösung zu. Bitte einen Erwachsenen, die Cola in dem Topf zum Kochen zu bringen. Lasst sie anschließend etwa fünf Minuten lang auf niedriger Temperatur köcheln. Rühre währenddessen Löffel für Löffel den Zucker ein. Wenn sich der Zucker ganz aufgelöst hat, gib die Melasse dazu. Lass die Lösung noch einige Minuten köcheln, rühre sie dabei gut um. Nimm sie dann vom Herd und lass sie komplett abkühlen. Das dauert einige Stunden.

Nachtfalter werden auch von hellem Licht angezogen – warum, weiß niemand so genau. Eine andere Möglichkeit, sie anzulocken, ist also, nachts eine Lampe anzulassen. Aber nicht zu lange, denn die empfindlichen Falter könnten ihr zu nahe kommen und sich daran verbrennen!

In der Abenddämmerung unternimmst du einen kleinen Spaziergang. Nimm die Zuckerlösung und den Pinsel mit und schau dich nach Bäumen mit vielen grünen Blättern um – zum Beispiel in einem Park. Streiche nun deine Zuckerlösung mit dem Pinsel auf zehn verschiedene Baumstämme. Dazu pinselst du jedes Mal etwa auf Augenhöhe einen tellergroßen Klecks. Bestreiche die Stellen dick mit Sirup, aber Achtung: Es könnte eine klebrige Angelegenheit werden! Danach solltest du dir die Hände waschen.

Wenn es dunkel geworden ist, geh deine Runde noch einmal – und nimm diesmal die Taschenlampe und den Naturführer mit. Leuchte mit der Taschenlampe die Sirupstellen auf den Baumstämmen an. Hat deine Leckerei einige Nachtfalter angelockt? Versuche, sie mithilfe deines Naturführers zu bestimmen und halte die Entdeckungen später in deinem Naturforscher-Handbuch fest. Wiederhole das ganze Experiment einige Wochen später noch einmal. Im Laufe des Sommers wirst du unterschiedliche Nachtfalter beobachten können – welche findest du dieses Mal? Und mach dir keine Gedanken ums Saubermachen: Der nächste Regen wird die Zuckerlösung abspülen.

6

Insektenhotel

Viele Käfer, Wildbienen und andere Krabbler sind sehr nützlich für deinen Garten. Allerdings haben viele von ihnen Schwierigkeiten, geschützte Schlupfwinkel zum Überleben zu finden. Hilfreich für sie ist, wenn der Garten nicht zu ordentlich aufgeräumt ist. Du kannst ihnen aber auch ein Luxushotel aus Materialien bauen, die du sonst wegwerfen würdest.

Das brauchst du:

Baumaterialien,
zum Beispiel:

alte Holzbretter

Stroh, Moos, trockenes Laub

alte Tonblumentöpfe, Dachziegel, Ziegelsteine

Holzscheite, Tannenzapfen, Schilf- oder Bambusstäbe

Rinde, Holzschnipsel, Sand oder Erde

Pappröhren oder Wellpappe

Dachpappe
(falls du welche bekommen kannst)

Überleg zunächst, wo du dein Insektenhotel aufstellen möchtest. Die Stelle sollte eben und geschützt sein. Je nachdem, ob du einen sonnigen oder einen schattigen Platz wählst, werden unterschiedliche Insekten einziehen. Vielleicht baust du statt eines großen gleich zwei kleine Hotels an zwei verschiedenen Orten?

Beginne mit einer soliden Grundkonstruktion. Überleg, wie du mit deinen Materialien am besten ein Hotel mit mehreren „Stockwerken" aufbaust. Du kannst zum Beispiel etagenweise Holzbretter auf Ziegelsteine stapeln.

Nun baust du obenauf noch das Dach – zum Beispiel mit Dachpappe oder Dachziegeln, wenn du welche hast. Das Dach sollte etwas überstehen,

damit es die Hotelbewohner vor Regen schützt. Zum Befestigen wirst du sicher Hammer und Nägel brauchen – und einen Erwachsenen, der dir hilft.

Wenn die Rahmenkonstruktion deines Hotels steht, kannst du mit der Inneneinrichtung beginnen.

Fülle einen Tonblumentopf mit hohlen Schilf- oder Bambusstäben, sodass die Öffnungen rausschauen, und leg ihn an einen sonnigen, geschützten Ort. Ruckzuck kannst du in deinem Mini-Insektenhotel die ersten Besucher willkommen heißen.

Richte so viele unterschiedliche „Zimmer“ wie möglich ein: Mit verschiedenen Materialien schaffst du Schlupfwinkel und Verstecke, die eine Vielzahl an Insekten toll finden werden. Ein „Zimmer“ kannst du mit Stroh oder trockenem Laub füllen, ein anderes mit hohlen Schilf- oder Bambusstäben. Stopfe Moos in Papphröhren oder rolle Wellpappe auf und fülle damit ein weiteres „Zimmer“. Manche Krabbler buddeln gern, für sie befüllst du einen Blumentopf mit Sand oder Erde.

Eine Weile wird es dauern, bis die ersten Gäste in dein Hotel einziehen. Beobachte regelmäßig, wer schon angekommen ist. Kannst du alle Tierchen bestimmen? Zeichne sie ab und halte ihren Besuch in deinem Luxus-Insektenhotel in einem „Gästebuch“ fest.

7

Mini-Fußspuren

Welche kleinen Säugetiere besuchen deinen Garten? Finde es heraus, indem du ihre Fußspuren mit diesem Nager-Tunnel festhältst.

- Wasche die Kartons aus und schneide jeweils den Deckel und den Boden ab. So erhältst du drei längliche Röhren. Stecke sie ineinander und befestige sie mit Klebeband, damit aus den einzelnen Röhren ein langer Tunnel wird.

- Leg den Boden des Tunnels mit sauberem weißen Papier aus und befestige es mit Kleber.

- Stelle sicher, dass der Margarinedeckel in deinen Tunnel passt. Schneide den Schwamm so zurecht, dass er genau in den umgedrehten Margarinedeckel passt.

- Befeuchte den Schwamm mit Wasser und gib einen ordentlichen Spritzer Lebensmittelfarbe dazu. Drücke nun mit deinem Finger darauf und schau, ob er farbig wird. Falls nicht, gib noch mehr Lebensmittelfarbe auf den Schwamm.

- Befülle den Flaschenverschluss mit Erdnussbutter. Du kannst auch andere Köder benutzen, zum Beispiel Käse oder Hundefutter. Erdnussbutter hat den Vorteil, dass sie klebrig ist – wer immer also davon nascht, wird längere Zeit in der Lebensmittelfarbe stehen.

Das brauchst du:

- 3 längliche Saft- oder Milchkartons
- Schere
- Kleber
- weißes Papier
- Deckel einer eckigen Margarinepackung
- Flaschenverschluss
- dünnen Schwamm (z. B. Kosmetik- oder Spülschwamm)
- Lebensmittelfarbe
- Erdnussbutter für Tiere
- Einweghandschuhe

Stelle den befüllten Flaschenverschluss auf den Schwamm und schiebe deine komplette Margarinedeckel-Konstruktion mittig in den Tunnel. Trage ihn vorsichtig in den Garten hinaus. Nager huschen gern im Schutz von Mauern und Zäunen umher. Stelle deinen Tunnel also am besten an einer Garagenmauer oder am Gartenzaun auf. Bedecke ihn mit Blättern und Zweigen, damit er nicht gleich auffällt.

WUSSTEST DU SCHON?

Die Vorderpfoten von Mäusen haben vier Zehen, die Hinterfüße fünf Zehen.

Lass den Tunnel einige Tage lang dort stehen. Sieh jeden Morgen nach: Wenn ein Besucher da gewesen ist, sollten seine Fußspuren klar und deutlich auf dem weißen Papier zu sehen sein. Mit etwas Glück findest du auch eine Schwanzspur!

Trage Einweghandschuhe, wenn du die Spuren sicherst. Zieh dazu das Papier vorsichtig aus dem Tunnel und klebe es anschließend in dein Naturforscher-Handbuch. Versuche herauszufinden, welches Tier die Spuren hinterlassen hat.

Wiederhole das Experiment auf einer wilden Wiese oder im Wald. Dort tummeln sich noch ganz andere Tiere. Welche Fußspuren wirst du finden?

8

Tierfreundlicher Blumengarten

Blumen sind eine Lebensquelle für viele Lebewesen wie Vögel und Insekten. Sie spenden ihnen Schutz und versorgen sie mit Nahrung. Mit einigen gut ausgesuchten Pflanzen machst du deinen Garten zu einem echten Tierparadies. Schau nach, wer alles zu Besuch kommt!

Das brauchst du:

- verschiedene tierfreundliche Pflanzen
- Spaten und Pflanzkelle oder Schaufel
- Gießkanne und Wasser

Blühende Pflanzen versorgen Bienen und andere Bestäuber mit Pollen und Nektar. Pflanze also viele verschiedene Blumen an, am besten solche mit offenen, weiten Blütenkelchen, bei denen du die mit gelbem Pollen bedeckten Staubblätter in der Mitte siehst. Blumen mit üppigen, gefüllten Blüten, wie viele Rosen und Pfingstrosen, sehen zwar hübsch aus, doch die vielen Blütenblätter versperren den Insekten den Zugang zu Nektar und Pollen.

Pflanzen sind die Basis aller Nahrungsketten. Je artenreicher die Pflanzen in deinem Garten sind, desto reicher wird das Nahrungsangebot für unterschiedlichste Tierarten sein.

Wähle Blumen, die zu unterschiedlichen Zeiten und möglichst jedes Jahr erneut blühen. So hilfst du den Insekten, vom Frühjahr bis in den späten Herbst hinein Nahrung zu finden. Im Frühjahr blühen zum Beispiel Krokusse, im Sommer Dahlien und im Herbst Astern.

Einen tierfreundlichen Garten anzulegen, ist sehr einfach. Wenn du keinen Garten hast, kannst du auch Blumen in Töpfen ansäen und auf die Türstufen, das Fensterbrett oder den Balkon stellen.

Blumen sind schön und gut, aber auch Wildkräuter sind wichtig. Gib heimischen Pflanzen in deinem Garten Raum – und lass beispielsweise die Brennnesseln stehen. Sie sind Lebensraum und Futterquelle für die Raupen von etwa 50 verschiedenen Schmetterlingsarten!

Wenn der Herbst kommt, fressen Vögel und Säugetiere gern Samen und Beeren. Sie enthalten viele Nährstoffe und helfen den Tieren so, Fettreserven für den Winter zu bilden, wenn es weniger Nahrung gibt. Lass in deinem Garten also auch Sträucher und Bäume wachsen, an denen Beeren, Früchte und Nüsse reifen.

Ob du Stecklinge, Ableger, Pflanzen mit Wurzelballen, Stauden, Blumenzwiebeln oder Knollen anpflanzt oder Samen aussäst: Wässere anfangs sehr sorgfältig. Frische Anpflanzungen benötigen viel Wasser, um kräftige Wurzeln zu bilden.

Überzeuge deine Eltern davon, dass es nicht schlimm ist, wenn euer Garten ein bisschen unordentlich aussieht. Im Gegenteil! Herabgefallenes Laub ist ein toller Bodendünger und ein wertvoller Lebensraum für Würmer und andere Tierchen. Vögel lieben enge Dickichte, in denen sie ihre Nester bauen.

Leg in deinem Naturforscher-Handbuch eine Tabelle an: Welche Tiere besuchen welche Pflanzen? Notiere auch das Datum. Kannst du feststellen, welche Pflanze besonders beliebt ist?

9

Vogel-Büfett

Vögel beim Futtern zu beobachten, macht einfach immer Spaß. Aber hast du dich schon einmal gefragt, was sie am liebsten fressen? Richte ein üppiges Vogel-Büfett her und finde es heraus!

Das brauchst du:

verschiedene Vogelfuttersorten, zum Beispiel:

Saatenmischungen (wie Hirse, Hanfsamen und Leinsamen)

Sonnenblumenkerne

Erdnüsse (nicht geröstet, ungesalzen)

Weichfutter (wie Haferflocken, ungeschwefelte Rosinen und Kleie)

Viele Leute richten Vogelfutterstellen her. Das ist besonders im Winter hilfreich, wenn natürliche Futterquellen knapp sind. Doch auch im Frühling und Sommer, wenn die Vogeleltern ihre Küken aufziehen, brauchen sie Unterstützung. Wenn du den Vögeln helfen möchtest, ist es also eine gute Idee, ihnen das ganze Jahr über Futter anzubieten.

Genau wie wir lieben es auch Vögel, sich abwechslungsreich zu ernähren. Welche Vögel was am liebsten fressen, findest du heraus, indem du ihnen ein Büfett mit unterschiedlichen Futtersorten (Saatenmischungen, Sonnenblumenkerne, Erdnüsse und Weichfutter) anrichtest. Biete ihnen auch mal Äpfel oder spezielle Vogel-Erdnussbutter (ohne Salz) an.

Wähle den Ort für dein Vogel-Büfett mit Bedacht. Es sollte eine Rückzugsmöglichkeit für die Vögel in der Nähe geben, aber keine Hinterhalte, aus denen sie von Katzen oder anderen Tieren angegriffen werden können. Vogelhäuser sind beliebt, denn sie bieten dadurch, dass sie erhöht stehen oder hängen, Schutz. Du kannst dein Vogel-Büfett aber auch auf dem Balkon oder verteilt auf verschiedene Stationen in Park oder Garten anrichten.

Leg dazu je eine Handvoll von jeder Futtersorte aus. Lass Platz dazwischen, damit sich die Futtersorten nicht vermischen.

Du kannst die verschiedenen Futtersorten auch in Futterspender füllen und nebeneinander oder verteilt im ganzen Garten aufhängen.

Warte nun ab, was passiert. Werde nicht ungeduldig, wenn zunächst niemand kommt. Haben sie erst einmal bemerkt, wie lecker dein Futterangebot ist, werden die Vögel in Scharen

Leg in deinem Naturforscher-Handbuch eine Tabelle an, in der du notierst, welche Vögel von welchem Futter fressen. Kannst du ein Muster erkennen? So viel ist klar: Jede Vogelart hat ihr Lieblingsfutter. Findest du heraus, wer was am liebsten mag?

WUSSTEST DU SCHON?

Wenn ihr ein Vogelhäuschen im Garten oder auf dem Balkon habt, solltest du es regelmäßig reinigen. Am besten geht das mit heißem Wasser und einer Bürste. Lass dir dabei von einem Erwachsenen helfen.

10

Schwebfliegen-Kinderstube

Auch wenn Schwebfliegen ähnlich aussehen wie Bienen und Wespen, sind sie nicht einmal entfernt mit ihnen verwandt. Mit einer „Schwebfliegen-Kinderstube" kannst du diese harmlosen, aber wichtigen Bestäuber in deinen Garten locken.

Wie es ihr Name schon sagt, schweben Schwebfliegen oft wie Kolibris über bunten Blumen auf einer Stelle. Ihre Larven sind echte Nützlinge im Garten, denn sie fressen – je nach Art – Blattläuse und andere Schädlinge oder organische Substanzen. Schwebfliegen ahmen das Erscheinungsbild von Bienen und Wespen nach, um gefährlich auszusehen und mit ihrer „Verkleidung" ihre Feinde abzuschrecken. Aber keine Bange, sie sind wirklich harmlos!

WUSSTEST DU SCHON?

Vermutlich sind Schwebfliegen nach Wildbienen die zweitwichtigsten Bestäuber für Blütenpflanzen.

Es gibt viele Arten von Schwebfliegen. Einige legen ihre Eier auf Pflanzen ab, andere in stillen Gewässern, in denen ihre Larven sich von verrottenden Pflanzen und tierischen Überresten ernähren.

Befülle eine Plastikdose zur Hälfte mit Gras. Gieße anschließend Wasser darüber, sodass es komplett bedeckt ist.

Gib nun die trockenen Laubblätter darauf. Die Blätter werden auf der Wasseroberfläche schwimmen. So haben die weiblichen Schwebfliegen eine gute Landemöglichkeit, wenn sie zur Eiablage vorbeigeschwebt kommen.

Jetzt kommen die Stöcke dran: Stecke sie so in die Dose, dass sie oben herausschauen und unten im Wasser stehen. Lehne sie gegen den Rand der Dose, damit sie guten Halt haben.

Die Larven, die aus den Eiern schlüpfen, leben zunächst im Wasser. Manche Schwebfliegenlarven atmen unter Wasser, indem sie ein schwanzartiges Atemrohr wie einen Schnorchel herausstecken! Nach einiger Zeit verpuppt sich die Larve und reift in ihrem Kokon zu einer erwachsenen Schwebfliege heran. Mithilfe der Stöcke können die Larven aus dem Wasser klettern, dann pumpen sie ihre Flügel auf und fliegen davon.

Das brauchst du:

Plastikdose

geschnittenes Gras

Wasser

Laubblätter

eine Handvoll Stöcke

Naturführer

Sieh regelmäßig nach, ob deine Schwebfliegen-Kinderstube in einem guten Zustand ist. An warmen Tagen verdunstet das Wasser schnell, fülle also immer wieder welches nach. Das Gras und die Blätter werden nach und nach verrotten – perfekte Bedingungen also für die Larven.

Mach Fotos von den verschiedenen Besuchern, die du rund um deine Schwebfliegen-Kinderstube findest. Klebe die Bilder in dein Naturforscher-Handbuch und versuche, die Tiere mithilfe von einem Naturführer oder dem Internet zu bestimmen. Findest du heraus, welche Schwebfliegenart in deinem Garten besonders oft vorkommt?

11

Ameisenfarm im Glas

Ameisen sind sehr fleißig. Sie leben in Kolonien und halten ihre Umgebung sauber: Sie tragen tierische und pflanzliche Überreste in ihren Bau, wo diese verrotten, fressen Schädlinge und lockern den Boden auf. Mithilfe deiner Ameisenfarm im Marmeladenglas kannst du beobachten, wie Ameisen ihre Gänge anlegen.

Das brauchst du:

großes Einmachglas mit Schraubdeckel

kleineres Marmeladenglas mit Schraubdeckel (das in das große Einmachglas passt)

noch ein Marmeladenglas mit Schraubdeckel (egal wie groß)

Mutterboden aus dem Garten, Wasser

Apfel

Küchenreibe

Ameisen

Entferne die Etiketten von den Gläsern, wasche sie aus und trockne sie sorgfältig ab. Stelle nun das kleinere Marmeladenglas mit geschlossenem Deckel kopfüber in das größere Einmachglas, und zwar möglichst mittig. Befülle das Einmachglas nun mit nicht zu feuchtem Mutterboden aus deinem Garten, bis das kleine Marmeladenglas nur noch einen Fingerbreit herausschaut.

Jetzt brauchst du noch Ameisen. Es gibt viele verschiedene Arten. Manche sind harmlos, andere können fies zubeißen oder Ameisensäure verspritzen. Lass dir von einem Erwachsenen helfen.

Bau eine Ameisenfalle: Reibe dazu ein Stück Apfel, vermische das Mus mit etwas Wasser und gib den Brei in das dritte Marmeladenglas. Stelle oder leg es offen in die Nähe der Ameisen, die du einfangen möchtest. Der Zucker wird sie anlocken. Warte, bis etwa zehn bis zwanzig Ameisen im Glas sind, dann schraubst du den Deckel auf und trägst es zu deiner vorbereiteten Ameisenfarm.

Schütte die Ameisen mitsamt dem Apfelbrei in deine Ameisenfarm und schraub schnell den Deckel drauf. Mach dir keine Gedanken um Luftlöcher: Da die Ameisen so klein sind,

WUSSTEST DU SCHON?

Manche Ameisen können mehr als das Zwanzigfache ihres Körpergewichts heben. Wäre ein zehnjähriges Mädchen so stark, könnte es eine Kuh hochheben!

brauchen sie nur wenig Sauerstoff. Der im Glas und in der Erde vorhandene reicht völlig aus.

Stelle das Einmachglas nun an einen schattigen Ort – zum Beispiel in ein Regal – und beobachte, was passiert. Die Ameisen werden schon bald anfangen, die Erde umzuschichten und ein erstaunliches Netzwerk an unterirdischen Gängen anzulegen.

Alle paar Tage musst du deine Ameisen füttern. Tausche dazu den alten Apfelbrei gegen neuen aus und gib ein paar Spritzer Wasser auf die Erde. Am besten machst du das draußen vorm Haus, für den Fall, dass dir Ameisen entwischen.

Zeichne eine Karte des Tunnelsystems, das die Ameisen innerhalb einer Woche anlegen, und klebe sie in dein Naturforscher-Handbuch ein. Lass die Tiere anschließend wieder in der Natur frei.

12

Das Assel-Experiment

Alle Lebewesen haben ihren bevorzugten Lebensraum oder ihre „Nische“. Manche mögen’s heiß, manche kalt. Manche mögen’s trocken, andere mögen’s lieber feucht. Asseln sind da nicht anders. Finde mit diesem Experiment heraus, wo sie am liebsten leben.

Das brauchst du:

- Marmeladenglas
- kleinen Pinsel
- Bogen Papier
- 2 Schuhkartons mit Deckel
- Lineal, Schere und Klebeband
- trockene und feuchte Erde

Asseln sind Krebstiere, die dauerhaft an Land leben können. Sie haben einen harten Panzer aus beweglichen Einzelsegmenten und sieben Laufbeinpaare mit Gelenken. Du findest sie unter Blumentöpfen, Steinen, verrottenden Holzscheiten und Laubabfällen. Befülle dein Marmeladenglas mit Erde aus dem Garten. Sammele dann etwa zwanzig Asseln ein, indem du sie behutsam mit dem Pinsel auf das Papier fegst und in das Glas gleiten lässt.

Bereite nun deinen Versuchsaufbau vor. Schneide dazu vorsichtig in eine schmale Seite des ersten Schuhkartons einen 10 x 1 cm großen Schlitz. Er soll unten, nah am Boden des

Schuhkartons beginnen. Schneide genauso einen Schlitz auch in den zweiten Schuhkarton.

Klebe als Nächstes die beiden Schuhkartons mit dem Klebeband so zusammen, dass die beiden Schlitze aufeinanderliegen. Du erhältst so eine lange Box mit einer Trennwand in der Mitte, durch die ein Schlitz geht.

Asseln stellen keine hohen Ansprüche an ihre Nahrung. Sie fressen verrottende Pflanzen, Pilze und ihren eigenen Kot, aber sie machen kein Pipi! Giftstoffe werden sie los, indem sie eine stechend scharf riechende Chemikalie, die Ammoniak heißt, durch ihren Panzer ausscheiden.

Bedecke den Boden des einen Kartons mit trockener Erde und den des anderen mit feuchter Erde. Setze in jeden Karton je zehn Asseln und verschließe die Schuhkartons mit ihren Deckeln. Die Asseln beginnen nun, in ihren Kisten umherzuwuseln und vielleicht auch von einer in die andere umzuziehen. Sieh alle fünfzehn Minuten nach und schreibe auf, wie viele Asseln in welchem Karton sind.

Wie andere Krebstiere atmen auch Asseln durch Kiemen und brauchen daher Feuchtigkeit. Viele Asseln leben im Wasser, einige haben sich aber an das Leben an Land angepasst.

13

Bastle einen Käfer-Sauger!

In Gärten und Wiesen wimmelt es nur so vor Krabbeltieren, die so winzig sind, dass man sie kaum aufsammeln kann, um sie zu beobachten. Doch es gibt Abhilfe! Mit deinem selbst gebauten Käfer-Sauger kannst du sie einfach aufsaugen.

Das brauchst du:

- Marmeladenglas mit Schraubdeckel
- Hammer, Nagel, Schere
- durchsichtige, biegsame Plastikschläuche
- alte Feinstrumpfhose, Gummibänder
- selbstklebende Papieretiketten, rote und grüne Stifte
- Knetmasse

Bohre mithilfe von Hammer und Nagel zwei Löcher in den Marmeladenglasdeckel, die groß genug sind, dass die Plastikschläuche hindurchpassen. Lass dir dabei von einem Erwachsenen helfen!

Kommen wir zu den Schläuchen: Durchsichtige Plastikschläuche kannst du im Baumarkt kaufen. Besorge dir einen etwa 50 cm langen Schlauch mit einem Durchmesser von 7 bis 10 mm. Schneide den Schlauch in zwei Teile: Eines soll etwa 15 cm lang sein und das andere 35 cm lang. Stecke beide Schläuche durch die Löcher im Marmeladenglasdeckel. Die Schlauchenden sollten jeweils etwa 5 cm in das Glas hineinragen.

Schneide aus der Strumpfhose ein kreisrundes Stück mit einem Durchmesser von 5 cm aus. Bedecke damit das Schlauchende des kürzeren Schlauchs, das in das Glas ragt, und befestige den dehnbaren Stoff mit einem Gummiband.

Male ein Etikett grün an, das andere rot. Klebe das grüne Etikett an das obere Ende des kurzen Schlauchs. Den anderen Schlauch markierst du mit dem roten Etikett. Das ist der „Saugrüssel" deines Käfer-Saugers.

Dichte nun die Stellen am Marmeladenglasdeckel rund um die Löcher mit Knete luftdicht ab. Dein Käfer-Sauger ist jetzt einsatzbereit!

Geh raus in den Garten oder Park und halte Ausschau nach kleinen Krabblern – also solchen, die nicht größer sind als der Innendurchmesser deiner Schläuche. Nimm den grün markierten Schlauch zwischen die Lippen und halte den Saugrüssel (den rot markierten Schlauch) dicht an das Insekt, das du einfangen möchtest. Sauge kurz und heftig Luft durch den grünen Schlauch. Das Insekt wird nun durch den Saugrüssel in das Marmeladenglas gesaugt. Hier kannst du es in aller Ruhe beobachten. Vergiss aber nicht, es freizulassen, wenn du fertig bist.

Wie viele Mini-Insekten findest du? Suche an verschiedensten Orten, also in dunklen, schattigen, feuchten Ecken ebenso wie in trockenen, sonnigen Beeten. Welche Insekten findest du in welchen Lebensräumen? Zeichne sie in dein Naturforscher-Handbuch.

14

Krötenhaus

Jedes Lebewesen braucht einen sicheren Unterschlupf und Kröten bilden da keine Ausnahme. Bau ein Krötenhaus und schau, ob du damit eine Kröte in deinen Garten locken kannst.

Bemale den Tontopf mit bunten Mustern – oder mit leckeren Fliegen, das gefällt Kröten sicher besonders gut.

Das brauchst du:

mittelgroßen Tontopf

Farben und Pinsel

Schaufel oder Pflanzkelle

Laubblätter

flache Schale

Wasser

Kröten sind Amphibien. Sie haben eine dünne, durchlässige Haut. Darüber können Flüssigkeiten und Gase leicht aufgenommen oder abgegeben werden. Das ist einerseits praktisch, denn die Tiere atmen über die Haut, und andererseits problematisch, weil sie so leicht austrocknen. Deswegen leben Kröten gern an schattigen, feuchten Orten. Suche also in einem verborgenen Winkel nach einem guten Platz für dein Krötenhaus. Ein dichtes Blumenbeet oder eine wild wachsende Ecke bieten der Kröte Versteckmöglichkeiten und ausreichend Feuchtigkeit.

Grabe mit der Schaufel oder Pflanzkelle ein kleines Loch, in das dein Tontopf passt, wenn er auf der Seite liegt. Das Loch sollte so tief sein, dass der Tontopf noch etwa zur Hälfte herausschaut.

Leg den Tontopf in das Loch und befülle ihn zur Hälfte mit feuchtem Laub. Darin wird die Kröte gern Platz nehmen.

Du glaubst vielleicht, dass Kröten nur in oder an Teichen leben können. Aber deine Kröte wird in ihrem Krötenhaus auch ohne Teich glücklich sein, solange es Wasser in der Nähe gibt. Stelle deswegen eine flache Schale auf und befülle sie mit Wasser.

Nun musst du dich in Geduld üben. Es kann Wochen oder sogar Monate dauern, bis eine Kröte dein Krötenhaus bezieht. Schau immer mal wieder nach. Oder suche an dunklen Orten wie Holzstößen oder Laubhaufen. Kröten haben eine warzige, raue Haut. Die Haut von Fröschen ist glatt und schleimig. Wenn du eine Kröte findest, kannst du sie vorsichtig hochnehmen und in dein Krötenhaus setzen. Wasche danach deine Hände! Die Kröte wird selbst entscheiden, ob ihr das neue Heim gefällt und sie hierbleiben möchte.

WUSSTEST DU SCHON?

Kröten fangen Schnecken, Spinnen und andere Beute mit ihrer langen, klebrigen Zunge. Anders als die menschliche Zunge, die hinten in der Mundhöhle angewachsen ist, ist die Zunge der Kröte vorn im Maul angewachsen. Kröten kauen ihr Futter auch nicht. Sie schlucken es direkt herunter.

15

Keschern

Teiche sind ein wahres Paradies für viele Lebensformen. Direkt unter der Wasseroberfläche tummeln sich zahllose Lebewesen, die nur darauf warten, von dir entdeckt zu werden. Finde heraus, was in einem Teich so alles lebt!

Das brauchst du:

flache Schale

Kescher
(auf Seite 160/161 erfährst du, wie du einen selber bastelst)

Naturführer

Lupe
(wenn du eine hast)

Smartphone mit Kamera
(wenn du eins hast)

Marmeladenglas

Geh raus an den Teich und befülle die Schale zur Hälfte mit Teichwasser. Setze sie an einer ebenen Stelle beiseite. Stelle sie nicht in direktes Sonnenlicht. Das Wasser würde sich schnell erwärmen und könnte den Tieren, die du fangen wirst, schaden.

Tauche den Kescher in den Teich und fahre behutsam durch das Wasser. Am besten in Form von „Achten“, denn so bleibt besonders gut im Netz hängen, was du fangen möchtest.

Lehne dich nicht zu weit vor. Im Uferbereich wirst du schon unzählige Lebewesen finden. Achte darauf, dass du keinen Schlamm aufwirbelst. Der verstopft die feinen Löcher deines Keschers und macht es dir schwer zu sehen, was du gefangen hast.

Mach für diese Aktivität einen Spaziergang zu einem nahe gelegenen Teich. Oder hast du vielleicht sogar einen im Garten? Wenn nicht, geh in den Park oder in die Natur und schau nach, was sich dort in den Gewässern tummelt.

Leere das Netz deines Keschers vorsichtig über der Schale aus, indem du es umstülpst. Warte kurz, bis sich alles gesetzt hat. Nun schaue genau hin, was du gefangen hast. Benutze einen Naturführer, um die verschiedenen Lebewesen zu bestimmen. Einige werden winzig klein sein, nimm also eine Lupe zu Hilfe, wenn du eine hast. Wenn du dir unsicher bist, mach ein Foto und versuche zu Hause, die Art zu bestimmen. Trage später in dein Naturforscher-Handbuch ein, was du gefunden hast.

Lass die kleinen Tiere nicht zu lang in der Schale. Wenn du deine Beobachtungen beendet hast, solltest du sie mithilfe des Marmeladenglases aufnehmen und wieder in den Teich zurückgeben. Suche dann nach weiteren Tierchen. Ist dein Experiment für heute beendet, gib das komplette Wasser aus der Schale wieder zurück in den Teich. Zu Hause solltest du dir gut die Hände waschen.

16

Ganzjahres-Vogeltränke

Die natürlichen Lebensräume der Vögel werden immer kleiner, weil sich Dörfer, Städte und stark bewirtschaftete Felder zunehmend ausbreiten. Viele Vögel sind abhängig von dem, was sie in unseren Gärten finden. Mit einer Ganzjahres-Vogeltränke kannst du ihnen helfen. Notiere, wer alles zu Besuch kommt!

Das brauchst du:

- frostfeste flache Schale (aus Metall oder Keramik)
- 3 Ziegelsteine
- Wasser
- großen Stein und Kieselsteine
- Teelicht und Streichhölzer

Wähle zunächst eine Schale aus. Deine Vogeltränke wird das ganze Jahr über draußen stehen, also muss sie aus einem Material sein, das bei Kälte nicht zerspringt, zum Beispiel Metall oder frostfeste Keramik. Schalen aus Plastik sind nicht geeignet, weil die Vogeltränke im Winter beheizt wird – da könnte das Plastik schmelzen.

Suche in deinem Garten nach einer flachen Stelle, um die Vogeltränke aufzustellen. Sie sollte gut sichtbar sein. Ideal ist eine Freifläche mit nahe gelegenen Versteckmöglichkeiten für die Vögel, aber nicht in unmittelbarer Nähe von Büschen, in denen Katzen lauern können.

Vögel benötigen das ganze Jahr über Wasser zum Trinken und Baden. Das ist im Winter besonders wichtig, wenn natürliche Wasserstellen gefrieren, und im Sommer, wenn das Wasser schnell verdunstet.

Leg die drei Ziegelsteine zu einem Dreieck zusammen, sodass in ihrer Mitte ein kleiner Raum bleibt. Stelle die Schale so stabil auf die Ziegelsteine, dass sie nicht kippelt. Leg den größeren Stein in die Mitte der Schale und um ihn herum die kleinen Steine oder Kies. Die Steine bieten den Vögeln Sitzplätze und Insekten, die aus Versehen ins Wasser fallen, eine Möglichkeit, wieder an Land zu klettern, die Flügel zu trocknen und weiterzufliegen.

Befülle die Vogeltränke nun mit Wasser. Es sollte an keiner Stelle tiefer als 5 cm sein. Wenn im Winter die Temperaturen fallen, stelle regelmäßig ein Teelicht in den kleinen Raum zwischen den Ziegelsteinen und zünde es an. Das verhindert, dass das Wasser gefriert. Schau jeden Tag nach, ob du Wasser nachfüllen solltest.

Notiere in deinem Naturforscher-Handbuch, welche Vögel die Vogeltränke nutzen – am besten mit Datum und Wetter. Nutzen die Vögel deine Vogeltränke zu bestimmten Jahreszeiten häufiger?

17

Futterspender für Schmetterlinge

Schmetterlinge sind immer willkommene Gäste. Sie sind nicht nur wichtige Bestäuber, sondern sorgen auch für wunderschöne Farbtupfer in jedem Garten. Locke sie mit diesem schwingenden Futterspender scharenweise in deinen Garten.

Das brauchst du:

- Pappbecher
- spitzen Bleistift, Schere, Bindfaden
- Küchenschwamm
- buntes Tonpapier und Kleber
- Apfelsaft
- Naturführer

Bohre mit dem spitzen Bleistift zwei kleine, sich gegenüberliegende Löcher in den Pappbecher. Sie sollten dicht unterhalb des Randes liegen. Schneide ein etwa 40 cm langes Stück Bindfaden zurecht. Fädele die Enden durch die beiden Löcher und befestige sie mit Knoten. Nun hast du eine Aufhängevorrichtung für den Becher.

Stich mit dem Bleistift ein Loch in den Boden des Bechers und weite es vorsichtig. Es sollte einen etwas größeren Durchmesser haben als der Bleistift. Schneide ein Stück Schwamm zurecht, das mindestens doppelt so breit ist wie das Pappbecher-Loch. Stopfe den Schwamm nun in das Loch und lass ihn unten zur Hälfte herausschauen.

Schmetterlinge fressen mit ihren Saugrüsseln, schmecken aber mit ihren Füßen. Das bedeutet, dass sie ihr Futter schmecken können, indem sie einfach darauf landen.

Jetzt ist die Dekoration dran! Schmetterlinge werden von leuchtenden Farben angezogen. Schneide aus dem Tonpapier also farbenfrohe Blumen aus. Sie können aussehen, wie es dir gefällt. Bastle so viele, wie du möchtest, und klebe sie dann außen auf den Pappbecher.

Befülle den Pappbecher etwa zur Hälfte mit Apfelsaft und häng ihn an einem sonnigen Ort im Garten auf. Warte ab und beobachte. Kommen Schmetterlinge an deine Futterstelle? Zum Fressen benutzen Schmetterlinge ihren Saugrüssel wie einen Strohhalm. Wenn sie nicht fressen, rollen sie den Saugrüssel ein. Das sieht dann aus wie ein Luftrüssel, den gerade niemand zum Tröten benutzt. Zum Fressen rollt der Schmetterling den Rüssel wieder aus. Der Schmetterling unten ist ein Distelfalter. Er kommt fast überall auf der Welt vor, bevorzugt aber warme Regionen.

Leg in deinem Naturforscher-Handbuch eine Liste an und trage ein, welche Schmetterlinge an deine Futterstelle kommen. Mit einem Naturführer kannst du die Arten bestimmen. Experimentiere mit unterschiedlichen Säften oder Zuckerwasser. (Für Zuckerwasser verrührst du 1 Teil Zucker mit 10 Teilen Wasser.) Bevorzugen bestimmte Schmetterlinge bestimmte Säfte?

18

Schnecken zählen

Viele Gärtner können Schnecken nicht leiden, weil sie sich über ihre Gemüsepflanzen und Blumensetzlinge hermachen. Doch Schnecken, vor allem die mit einem Häuschen, spielen eine wichtige Rolle im Garten, weil sie auch verrottendes Laub und andere Pflanzenreste fressen. Erforsche, wie sie sich verhalten, indem du sie markierst und zählst.

Es gibt viele Arten von Schnecken. Manche leben an Land und manche im Wasser, einige haben ein kalkhaltiges Häuschen, andere nicht. In diesem Experiment geht es um die heimischen Gehäuseschnecken. Führe es im Frühjahr, Sommer oder Herbst durch, wenn die Schnecken aktiv sind.

Suche dir einen geeigneten Ort für dein Experiment. Schnecken meiden offene Flächen, weil sie dort eher Gefahr laufen, auszutrocknen oder von Fressfeinden geschnappt zu werden. Am liebsten halten sie sich in feuchten, geschützten Schlupfwinkeln auf. Du findest Schnecken zum Beispiel im Schatten von Mauern oder in Laubhaufen am Boden.

Suche etwa zehn Gehäuseschnecken. Nimm sie vorsichtig hoch, indem du sie mit Daumen und Zeigefinger am Häuschen anfasst, und setze sie in deine Schachtel. Lass die Schachtel keinesfalls in der prallen Sonne stehen,

Das brauchst du:

- leere Schachtel
- wasserfeste, lösungsmittelfreie Lackfarben
- kleinen Pinsel
- etwa 10 Schnecken mit Häuschen

Rechenbeispiel: Bei deiner ersten Suche hast du zehn Schnecken gefunden und markiert. Bei deiner zweiten Suche hast du wieder zehn Schnecken gefunden, davon zwei markierte. Die Rechnung ist also: 10 · 10 : 2 = 50. Es leben etwa 50 Schnecken in deinem Schneckenwinkel.

denn das könnte ihnen schaden. Notiere in deinem Naturforscher-Handbuch, wie viele Schnecken du gefunden hast.

Tupfe nun mit dem Pinsel einen Farbpunkt auf jedes Schneckenhaus. Versichere dich vorher, dass dein Farblack keine giftigen Lösungsmittel enthält, die den Schnecken schaden könnten. Pass auf, dass du nicht aus Versehen die Haut der Schnecken bemalst, denn die ist sehr empfindlich. Wenn die Farbe trocken ist, setze die Schnecken wieder dort aus, wo du sie gefunden hast.

Begib dich einige Tage später erneut in deinem Schneckenwinkel auf die Suche. Wie viele der Schnecken, die du findest, haben keine Markierung? Und wie viele haben einen Farbpunkt? Notiere die Zahlen in deinem Naturforscher-Handbuch.

Jetzt kannst du errechnen, wie viele Schnecken etwa in deinem Schneckenwinkel leben: Nimm die Gesamtzahl der Schnecken, die du beim ersten Mal gefunden und markiert hast, multipliziere diese mit der Gesamtzahl der Schnecken von der zweiten Suche und dividiere durch die Zahl der markierten Schnecken von der zweiten Suche.

19

Bau eine Totholzhecke

Hecken, die aus holzigem Pflanzenmaterial gemacht werden, nennt man Totholzhecken. Sie sind einfach zu bauen und ein wunderbarer Lebensraum für viele Tiere. Welche werden wohl in deine Totholzhecke einziehen?

Überleg zunächst, wo deine Totholzhecke stehen soll. Totholzhecken sind durchaus beachtliche Gebilde, die etwas Platz brauchen. Frag am besten deine Eltern um Rat. Je nach Standort kann eure Hecke auch als Sichtschutz oder Zaun zu eurem Grundstück, einer Wildblumenwiese oder einem Teich dienen.

Herkömmliche Gartenhecken brauchen oft Jahre zum Wachsen, aber eine Totholzhecke kannst du an einem Nachmittag aufbauen. Mit ein wenig Pflege hast du viele Jahre lang Freude daran.

Bitte einen Erwachsenen, dir beim Einschlagen der Pfosten zu helfen. Die Pfosten sollten einen Durchmesser von 4 bis 8 cm haben. Du kannst sie im Gartencenter kaufen. Hilfreich ist es, wenn ein Ende angespitzt ist.

Schlagt die ersten drei Pfosten mit einem Abstand von jeweils etwa 50 cm in einer Reihe mit dem Hammer fest ins Erdreich ein. Knote den Binde- oder Spanndraht am ersten Pfosten fest und führe ihn dann mehrmals vor und zurück um die drei Pfosten, um deiner Hecke etwas Kontur zu geben.

Schlagt nun die zweite Reihe Pfosten ein: Sie soll mit einem Abstand von etwa 50 cm der ersten Reihe genau gegenüberstehen. Verbinde auch diese Pfosten mit Binde- oder Spanndraht.

Fülle nun den Raum zwischen den beiden Pfostenreihen mit Totholz, also mit abgeschnittenen Ästen und Zweigen von Bäumen, Büschen und Sträuchern. Alles, was holzig ist und eine Weile braucht, bis es verrottet, ist gut. Schichte die Schnittabfälle bis zu den Pfostenenden übereinander und drücke sie immer wieder nach unten zusammen, um sie zu verdichten.

Grüne Gartenabfälle wie Gras oder Laub sind nicht geeignet. Sie verrotten zu schnell und würden aus deiner Totholzhecke einen Komposthaufen machen.

Wenn die Totholzhecke fertig ist, musst du nur noch abwarten. Welche Tiere werden wohl einziehen?

Das brauchst du:

für 1 Meter Hecke:

6 Rundholzpfosten
(etwa 1 Meter lang)

Holz- oder Gummihammer

Binde- oder Spanndraht

Äste, Zweige und andere Gehölzabfälle

Totholzhecken bieten Vögeln und kleinen Säugetieren eine Heimat, von Käfern, Wildbienen und anderen Insekten ganz zu schweigen. Notiere in deinem Naturforscher-Handbuch, welche Tiere du beobachtest, und vergleiche das mal mit einer herkömmlichen Gartenhecke, zum Beispiel einer Buchsbaumhecke. Du wirst schnell feststellen: Deine Totholzhecke ist alles andere als tot!

20

Geräusche-Landkarte

Geräusche-Landkarten sind Landkarten der Klänge und Geräusche, die uns umgeben. Im Garten wirst du viele spannende Geräusche finden. Nimm dir Zeit, genau hinzuhören, und male deine ganz persönliche Geräusche-Landkarte.

Das brauchst du:

Ohren

Naturforscher-Handbuch und Stifte

Nur selten nehmen wir uns die Zeit, innezuhalten und dem zu lauschen, was uns umgibt. Dabei kann das eine wirklich lohnende Erfahrung sein.

Geh in den Garten oder einen Park, suche dir einen schönen Ort und lass dich nieder. Was hörst du? Schließe die Augen, um dich besser auf die Geräusche konzentrieren zu können. Zunächst wirst du Bekanntes hören, etwa Vogelgezwitscher, Hundebellen oder das Brummen eines Rasenmähers.

Verharre unbeweglich und still. Hör noch genauer hin. Was kannst du nun wahrnehmen? Es werden vielleicht Geräusche sein, die du sonst überhörst. Zum Beispiel das Rascheln der Blätter an den Bäumen, das Summen der Bienen, das Sirren der Insekten, die an dir vorbeisausen. Jede Landschaft hat ihre eigene Geräuschkulisse.

Schreibe eine Liste all der Dinge, die du in zehn Minuten wahrnehmen konntest. Zeichne nun deine Geräusche-Landkarte. Male dich selbst in die Mitte und positioniere all die anderen Dinge um dich herum.

Landkarten zeigen uns, wo wir Dinge finden und in welcher Entfernung sie liegen. Versuche, das auch auf deiner Geräusche-Landkarte darzustellen: Wenn das vorbeifahrende Auto weiter entfernt war als der bellende Hund, dann zeichne ihn näher zu dir (in der Mitte) ein. Wenn der Hund lauter war als das Auto, kannst du ihn auch größer als das Auto zeichnen.

Wiederhole das Experiment zu einem späteren Zeitpunkt. Welche Geräusche hörst du nun? Wenn du magst, führe das Experiment zusammen mit einem Freund oder einer Freundin durch. Dann könnt ihr hinterher eure Geräusche-Landkarten vergleichen: Vielleicht habt ihr verschiedene Dinge gehört. Schließlich nimmt jeder Mensch seine Umgebung ein bisschen anders wahr.

Zeichne eine Geräusche-Landkarte an einem ganz anderen Ort, zum Beispiel im Zoo oder im Urlaub am Meer. Vergleiche diese neuen Geräusche mit denen, die du zu Hause hörst.

21

Bau ein Winterquartier

Ein Hibernarium oder Winterquartier ist ein Schutzraum für kleine Tiere, um die Kälte im Winter zu überleben. Schau mal, ob du mit diesem Hibernarium Amphibien und anderen Tieren in deinem Garten einen Ort zum Überwintern geben kannst.

Das brauchst du:

Spaten

Holzscheite und Äste

Steine und Ziegelsteine

2-3 Stücke Abwasserrohr (Durchmesser: 11-16 cm, Länge: 30-50 cm)

Wildblumensamen

Suche nach einem geeigneten Standort für dein Winterquartier. Am besten legst du es in einem etwas abseitigen, ungestörten Winkel im Garten an. Du wirst ein ziemlich großes Loch graben müssen. Frag also erst deine Eltern, bevor du loslegst – nicht, dass du noch versehentlich ihre Lieblingspflanzen ausbuddelst.

Grabe ein Loch, das einen Durchmesser von ca. 1,50 m hat und etwa 50 cm tief ist. Häufe die Erde an der Seite auf – du wirst sie später wieder brauchen. Gib nun die Holzscheite, Äste, Steine und Ziegelsteine locker in das Loch hinein. Das muss nicht ordentlich aussehen, wichtig ist aber, dass dazwischen Hohlräume entstehen, in denen sich die Tiere später verstecken können.

Kommen wir zu den Rohrstücken: Wenn du keine zu Hause hast, kannst du einen Handwerker fragen, ob er dir Abfallstücke überlässt, oder du suchst

in einem Baumarkt danach. Die Rohre werden als Tunnel dienen, die die kalte Erdoberfläche mit dem warmen, kuscheligen Versteck im Erdinneren verbinden.

Stelle die Rohrstücke leicht schräg ins Loch, sodass die unteren Enden zwischen den Steinen und Holzstücken stehen. Die oberen Enden sollten oben leicht über den Rand des Lochs hinausragen.

Schütte das Loch nun wieder mit Erde zu, achte dabei aber darauf, dass die Eingänge zu den Rohren offen bleiben. Häufe einen Hügel auf, denn die Erde wird etwas absacken – außerdem ist sie eine gute Wärmedämmung für dein Winterquartier. Streue nun die Wildblumensamen auf den Erdhügel und wässere sie regelmäßig.

WUSSTEST DU SCHON?

Viele Tiere halten Winterschlaf oder Winterruhe. Auf diese Weise sparen sie in den kalten Monaten Energie. Bären bauen sich ihre eigenen Winterquartiere in Höhlen, an Abhängen oder im Wurzelwerk von alten Bäumen.

Dein Winterquartier ist jetzt fertig. Im Spätherbst wird es Kröten, Eidechsen und Insekten Schutz vor Kälte bieten. Beobachte dein Hibernarium. Vielleicht siehst du ja, wer einzieht? Gib aber acht, dass du die Tiere in ihrer Winterruhe nicht störst. Fertige Zeichnungen von den Bewohnern an und notiere deine Beobachtungen in deinem Naturforscher-Handbuch.

22

Bärtierchen-Jagd

Bärtierchen, auch Wasserbären genannt, sind überaus zähe kleine Wesen, die wirklich überall leben, sogar in der Tiefsee, dem Hochgebirge, in den Tropen und der Antarktis – und sicherlich auch in deinem Garten. Es ist zauberhaft, ihnen zuzusehen. Begib dich doch einmal auf „Bärenjagd"!

Geh raus und suche nach Flechten oder Moos. Moos ist meist grün und samtig. Es wächst in Kissen an feuchten, schattigen Plätzen. Flechten gibt es in vielen Farben, oft sind sie grün, bläulich oder grau. Ihre Oberfläche ist rau und trocken. Sie wachsen auf Wind und Wetter ausgesetzten Flächen wie Ästen, Baumstämmen, Steinen, Bordsteinen und Gebäuden. Kratze mit deinem Taschenmesser so viel Moos oder Flechten wie möglich in deine Plastikdose und nimm das Gesammelte mit nach Hause.

WUSSTEST DU SCHON?

Bärtierchen sind so zäh, dass sie sogar im luftleeren Raum des Weltalls überleben können.

Bärtierchen leben unter anderem in Moosen und Flechten. Wenn es zu trocken wird und die kleinen Wesen Gefahr laufen auszutrocknen, gehen sie in einen todesähnlichen Zustand über, der Kryptobiose genannt wird und in dem sie extremste Zustände überleben. Wasser wird sie also wiederbeleben. Befülle die Plastikdose mit Regenwasser und lass sie über Nacht stehen. Du kannst auch Quellwasser aus der Flasche nehmen. Leitungswasser dagegen vertragen Bärtierchen nicht immer.

Am nächsten Tag nimmst du Moos und Flechten aus dem Wasser und drückst beides vorsichtig über der Plastikdose aus. Nimm mit der Pipette etwas Wasser aus der Dose auf und gib einen Tropfen auf den Objektträger. Leg das Deckglas vorsichtig auf den Tropfen.

Bärtierchen sind so winzig klein, dass sie mit bloßem Auge nicht zu sehen sind. Leg den Objektträger also unter ein Mikroskop. Jetzt kannst du die Tierchen beobachten!

Sicherlich werden viele verschiedene Wesen in dem Wassertropfen umherschwimmen. Bärtierchen erkennt man an ihrem länglichen, etwas plumpen Körper mit zerknuddelt aussehendem Köpfchen und vier Paar Stummelbeinchen. Die tapsige Fortbewegung und ihr Aussehen erinnern an Bären, ihre Schnauze sieht ein bisschen aus wie ein Schweinerüssel.

Wenn du ein Bärtierchen siehst, zeichne es für dein Naturforscher-Handbuch ab. Wie viele zählst du? Findest du in verschiedenen Proben von unterschiedlichen Plätzen mehr oder weniger Bärtierchen? Vergiss nicht, sie später wieder in die Natur zu setzen.

Das brauchst du:

Flechten oder Moos

Taschenmesser

Plastikdose

Regenwasser

Pipette

Objektträger und Deckglas

Mikroskop

23

Vogelfutter selbst gemacht

Das ganze Jahr über kann es zu Futterengpässen kommen. Also hilf unseren gefiederten Freunden und häng selbst gemachte Vogelfutterspender auf. Probiere verschiedene Modelle aus und beobachte, welche am besten angenommen werden.

Für den ersten Futterspender gib zunächst die trockenen Zutaten in eine Schüssel und vermische sie. Gartenvögel lieben Saatenmischungen, Haferflocken, ungesalzene Erdnüsse und Rosinen.

Schmelze das Fett langsam im Kochtopf, nimm ihn von der Herdplatte und gib die Futtermischung hinzu. Lass dir dabei von einem Erwachsenen helfen. Verrühre nun alles gut mit dem Löffel.

Nimm ein langes Stück Bindfaden und binde es um den Griff des Bechers. Fülle den Becher mit der noch warmen Vogelfuttermischung und drücke sie mit einem Löffel fest. Stecke den Zweig tief hinein, am besten am Rand gegenüber vom Henkel. Er sollte noch ein Stück herausschauen, damit die Vögel später auf ihm landen können. Lass die Mischung auskühlen. Stelle den Becher dann in den Kühlschrank, damit das Fett aushärtet.

In der Zwischenzeit bereitest du aus zwei Apfelhälften zwei weitere Futterspender vor. Bitte einen Erwachsenen, einen Apfel für dich zu halbieren und das Kerngehäuse herauszuschneiden.

Welcher der Futterspender ist beliebter? Bevorzugen einige Vögel eher die eine oder die andere Sorte? Zu welcher Tageszeit kommen die meisten Vögel vorbei? Notiere deine Beobachtungen im Naturforscher-Handbuch.

Das brauchst du:

1. FUTTERBECHER

Saatenmischungen, Haferflocken, ungeschwefelte Rosinen oder ungesalzene Erdnussstückchen

aushärtendes Fett
(z. B. ungesalzenes Schweineschmalz oder Kokosfett)

Topf, Löffel, Bindfaden

alten Becher (frostfest)

Stöckchen oder Zweig

2. GEFÜLLTE APFELHÄLFTEN

Apfel und Sonnenblumenkerne

scharfes Messer, Teelöffel

2 Schaschlikspieße

ca. 1 Meter Bindfaden und Schere

Stecke nun je einen Schaschlikspieß längs durch die Apfelhälften. Setze den Spieß etwa einen Zentimeter unterhalb der Blüte an und schiebe ihn bis zum Stielansatz durch. Dazu benötigst du etwas Kraft, lass dir gern von einem Erwachsenen helfen. In der Mitte siehst du den Spieß im Kerngehäuseloch wieder. Links und rechts sollte er etwa gleich weit aus dem Apfel herausschauen, das ist die Sitzstange für die Vögel, auf der sie später beim Fressen bequem sitzen können.

Aus zwei ca. 50 cm langen Bindfäden machst du jetzt die Aufhängevorrichtungen: Knote dazu immer ein Fadenende links und rechts der Apfelhälfte fest um den Schaschlikspieß. Schiebe dann die Knoten ganz nah an die Apfelhälfte, damit sie später schön stabil hängt. Zum Schluss befüllst du die Aushöhlung in der Apfelmitte mit Sonnenblumenkernen.

Hänge die Apfelhälften und den Futterbecher in deinem Garten oder am Balkon auf und beobachte, wer zum Fressen kommt.

24

Bastle einen Unterwasser-Gucker

Was gibt es alles in einem Teich oder Bach zu entdecken? Bastle dir einen Unterwasser-Gucker – auch Aquaskop oder Unterwassersichtgerät genannt – und lerne die Wesen, die im Wasser leben, besser kennen!

Das brauchst du:

- **große Plastikflasche**
- **Schere**
- **Schleifpapier**
- **Frischhaltefolie oder Plastiktüte**
- **Gummiband**
- **wasserfestes Klebe- oder Gewebeband**

Schneide Boden und Hals von der Flasche ab, sodass eine lange Röhre entsteht. Dabei solltest du dir von einem Erwachsenen helfen lassen. Bearbeite die Ränder mit Schleifpapier, um die scharfen Kanten abzurunden.

Spanne die Frischhaltefolie über ein Ende deines Aquaskops. (Statt einer Frischhaltefolie kannst du auch eine gebrauchte Plastiktüte nehmen, die du sonst wegwerfen würdest.) Befestige sie mit dem Gummiband. Zieh rundherum noch einmal vorsichtig nach, damit die Folie ganz glatt gespannt ist. So kannst du später gut durchschauen.

Nun musst du dein Aquaskop noch wasserdicht machen. Dazu befestigst du die Folie zusätzlich mit dem Klebe- oder Gewebeband. Führe es so oft um die Flasche herum, bis die Folie überall ganz fest und lückenlos anklebt. So sollte kein Wasser mehr ins Innere eindringen können, wenn du den Unterwasser-Gucker nachher benutzt.

Suche dir einen Teich oder Bach in deiner Umgebung, denn jetzt ist es an der Zeit, dein Aquaskop auszuprobieren! Keschern (Seite 40/41) ist super, aber mit deinem Unterwasser-Gucker kannst du die Lebewesen in ihrer natürlichen Umgebung beobachten. Knie dich ans Ufer und tauche den Unterwasser-Gucker mit dem folienbedeckten Ende ins Wasser. Lehne dich nicht zu weit vor, sonst fällst du hinein! Schau nun durch das Rohr. Was siehst du?

Wenn dich nun die Entdeckerlust gepackt hat, probiere es doch einmal mit einem größeren Unterwasser-Gucker, den du aus einem Putz- oder Mülleimer bastelst – und finde heraus, was du damit alles unter Wasser siehst.

Vergleiche die Lebewesen in verschiedenen Lebensräumen. In einem Teich leben vermutlich andere Tiere und Pflanzen als in einem Bach oder Fluss. Wenn du am Meer lebst, kannst du in Gezeitentümpeln nachschauen: Das sind die Pfützen, die sich bei Ebbe in Mulden oder zwischen Felsen bilden. Extrapunkte gibt's, wenn du einen Fisch entdeckst! Zeichne deine Entdeckungen in das Naturforscher-Handbuch und dokumentiere, wo du welche Tiere und Pflanzen gesehen hast. Welcher deiner Funde ist der aufregendste?

25

Das große Schneckenrennen

Auf welchen Oberflächen bewegen sich Schnecken am leichtesten? Veranstalte ein Schneckenrennen und finde es in Nullkommanix heraus – na ja, beinahe jedenfalls.

Das brauchst du:

- **etwa 5 Gehäuseschnecken**
- **großes Stück Pappe**
- **Holzbrett, Teller, Stoppuhr**
- **Stift**
- **Erde**

Als Erstes musst du in deinem Garten nach Schnecken suchen. Schnecken lieben dunkle, feuchte, kühle Orte, an denen sie Nahrung finden. Wenn du ein Gemüsebeet hast, wirst du hier ziemlich sicher fündig. Auch rund um Pflanzkübel oder an Kletterpflanzen solltest du nachschauen. Du brauchst etwa fünf Gehäuseschnecken. Behandele sie vorsichtig und wasche dir gut die Hände, wenn du mit deinem Experiment fertig bist.

Bereite nun die Rennstrecken beziehungsweise Rennfelder vor. Du benötigst drei kreisrunde Felder aus Holz, Pappe und Erde. Für das erste Rennfeld legst du den Teller umgedreht aufs Holz und zeichnest seinen Umriss mit dem Stift nach. Für das zweite Feld machst du dasselbe mit der Pappe. Für das dritte Rennfeld drehst du den Teller wieder richtig herum und gibst Erde drauf.

Spürst du schon, wie die Spannung steigt? Setze die Schnecken als Erstes mittig auf das Holz. Stoppe mit deiner Uhr, wie lange es dauert, bis die erste Schnecke die Begrenzung des Rennfelds erreicht, und notiere die Zeit in deinem Naturforscher-Handbuch.

Untersuche die Rennfelder: Haben die Schnecken etwas hinterlassen? Landschnecken bewegen sich auf einem muskulösen Fuß fort. Dabei sondern sie Schleim ab, auf dem sie über raue Oberflächen kriechen können, ohne sich zu verletzen. Der Schleim schützt zudem ihre empfindlichen Körper vor dem Austrocknen. Siehst du die Schleimspuren?

Setze die Schnecken nun in die Mitte des zweiten Rennfelds aus Pappe. Stoppe wieder die Zeit der schnellsten Wettkriecherin und notiere sie in deinem Naturforscher-Handbuch. Im dritten Durchgang führst du das Wettrennen auf dem Teller mit Erde durch. Wie flott ist in diesem Durchlauf die schnellste Schnecke?

Was hat das Experiment ergeben? Waren die Schnecken auf einem Untergrund besonders schnell? Notiere dein Ergebnis im Naturforscher-Handbuch.

Wenn du magst, wiederhole das Experiment auf anderen Oberflächen. Vielleicht findest du ein Material, auf dem deine Schnecken noch schneller sind? Was passiert, wenn die Oberfläche sehr glatt oder ganz uneben, nass oder trocken ist? Welche Rekordzeiten stellen deine Schnecken auf? Notiere alles in deinem Naturforscher-Handbuch und lass die Schnecken anschließend wieder frei.

WUNDERBARE NATUR

DENK-SPORT

Nun hast du sicherlich einige Experimente in diesem Kapitel ausprobiert und dabei eine Menge über die Natur und die Lebewesen darin gelernt. Und das ist längst noch nicht alles, was es draußen zu entdecken gibt! Überleg mal, was du schon alles weißt und was du unbedingt noch herausfinden möchtest!

1. Hast du ein Experiment ganz besonders gern gemacht? Schreibe eine Top-Ten-Liste der besten Experimente in dein Naturforscher-Handbuch.

2. Nachtfalter, also Motten, können unglaublich farbenfroh und schön sein. Fallen dir zwei Möglichkeiten ein, mit denen du sie in deinen Garten locken kannst?

3. Im Winter wird die Nahrung für viele Tiere knapp. Einige von ihnen überleben die kalte Jahreszeit, indem sie Winterruhe oder Winterschlaf halten. Kennst du ein oder zwei Tierarten, die sich im Winter so verhalten?

4. Vogelgesang ist wunderschön! Kannst du drei verschiedene Vogelstimmen wiedererkennen?

5. Gartenvögel erfreuen sich an zusätzlichem Futter. Was fressen sie am liebsten?

6. Teiche sind wahre Paradiese für viele Lebensformen. Zeichne verschiedene Wasserbewohner, die du im Teich finden kannst, in dein Naturforscher-Handbuch.

7. Man kann ihnen stundenlang zuschauen: Kannst du fünf verschiedene Arten von Gartenvögeln anhand ihres Aussehens bestimmen?

8. Naturbelassene Gärten wimmeln nur so vor Leben: Zeichne verschiedene Tiere, die im, auf oder nahe am Boden deines Gartens leben, in dein Naturforscher-Handbuch.

9. Der Garten ist voller Klänge! Kannst du drei verschiedene Geräusche beschreiben, die du jeden Tag in deinem Garten hörst?

Weißt du schon, ...

- ***... wie du dein eigenes Experiment beschreibst, durchführst und protokollierst? Naturforscher*innen gliedern ihre Notizen immer so: Ziel, Versuchsaufbau, Versuchsergebnis, Fazit.***
- ***... wie man ein Insektenhotel baut? Insekten in deinen Garten zu locken, kann eine großartige Erfahrung sein.***
- ***... wo Asseln am liebsten leben? Es ist nicht schwierig, sie zu finden. Schau einfach unter einem Stein oder unter modrigem Holz nach.***
- ***... wie manche Schwebfliegenlarven atmen? Denke mal an sie, wenn du schnorcheln gehst.***
- ***... mit welchem Körperteil Schmetterlinge schmecken? Das ist so verblüffend!***
- ***... wie du Insekten mit einem Regenschirm sammelst? Vergiss nur nicht, sie freizulassen, bevor du den Schirm an einem Regentag selber brauchst.***
- ***... wie ein Mäusefußabdruck aussieht? Er ist sehr charakteristisch.***
- ***... wo du Bärtierchen findest? Sie leben so gut wie überall, sind aber so klein, dass sie dir vermutlich noch nie aufgefallen sind.***
- ***... wie du verhindern kannst, dass das Wasser in deiner Vogeltränke im Winter gefriert? Die Vögel werden dir dankbar sein, wenn es kalt wird.***
- ***... wie Kröten ihre Beute fangen? Fallen dir andere Tiere ein, die auf dieselbe Weise jagen?***

2

ERSTAUNLICHE ERDE

Erde, also Erdboden, ist wirklich erstaunlich. Wenn du das nächste Mal in deinem Garten oder im Park spazieren gehst, halte einen Augenblick inne und denke an das geschäftige Wimmeln und Wuseln, das sich gerade unter deinen Füßen abspielt: Meistens laufen wir über die Erde, ohne auch nur einen Gedanken daran zu verlieren. Die allermeisten Leute meinen vermutlich, Erde sei langweilig. Aber tatsächlich ist hier mächtig was los. Schon in einer Handvoll Erde leben mehr winzigste Lebewesen als Menschen in einer Großstadt! Höchste Zeit also, diesen spannenden Lebensraum und seine Bedeutung für uns besser kennenzulernen!

ERSTAUNLICHE ERDE

Erde ist eine wunderbare Mischung aus organischer und anorganischer Bodensubstanz. Organisch ist alles, was Lebewesen, also Tiere und Pflanzen, hinterlassen, zum Beispiel herabgefallenes Laub, Grasschnitt und die Häufchen von Tieren, sowie alle Überreste von ehemals Lebendem. Anorganische Bodensubstanz besteht aus nicht lebenden Dingen. Steine, Kiesel und Sand sind anorganisch, genauso wie Lehm, Ton und andere Mineralien, die in der Erde vorkommen.

Erde ist aus vielen Gründen wirklich erstaunlich. Sie versorgt Pflanzen mit Wasser und Nährstoffen, die sie zum Leben und Wachsen brauchen. Die Pflanzen wiederum dienen Mensch und Tier als Nahrungsquelle. Sie erzeugen außerdem den für uns lebenswichtigen Sauerstoff.

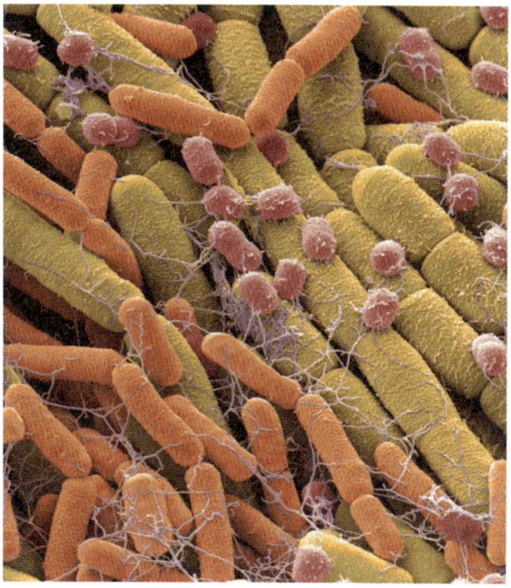

Erde ist ein Zuhause für viele Lebensformen wie Bakterien, Pilze (Foto links) und Würmer. Verborgen unter der Oberfläche bewirken diese fleißigen Arbeiter wahre Wunder und verbessern stetig die Qualität des Bodens. Bakterien (Foto oben) wandeln Stickstoff aus der Luft so in der Erde um, dass er von Pflanzen als Nährstoff genutzt werden kann. Pilze zersetzen Laub und tote Tiere und geben so Nährstoffe an den Boden ab. Regenwürmer (Foto rechts) graben Tunnel und lockern dabei den Boden auf, sodass er Regenwasser besser aufnehmen kann und die Wurzeln der Pflanzen leichter wachsen können.

Erde ist ein Filter. Sie nimmt nicht nur Wasser auf. Unterschiedliche Bestandteile in der Erde sorgen auch dafür, dass es von gefährlichen Chemikalien und Umweltgiften gereinigt wird. Wenn Pflanzen in der Erde wachsen, bilden ihre Wurzeln ein dichtes Netzwerk, das den Boden festigt und bindet. Das verhindert, dass Wind und Wasser das Erdreich forttragen können.

Erde ist so viel mehr als nur „Dreck“. In diesem Kapitel wirst du viel über den Boden in deiner Umgebung lernen. Du wirst ihn testen und feststellen, wie sauer oder basisch er ist, wie viel Wasser er speichert und wie viel Luft er enthält. Du wirst viel über seinen Aufbau lernen und welch lebenswichtige Rolle er für Tiere und Pflanzen spielt. Du wirst Kompost machen, um damit die Pflanzen in deinem Garten zu nähren, und einige der winzigen Wesen kennenlernen, die im Erdreich leben. Wenn also das nächste Mal ein Erwachsener über den ganzen Dreck meckert, der an deinen Schuhen haftet, kannst du ihm sagen, wie ungeheuer wichtig der ist!

26

Kompottgläser voll Kompost

Würden Tiere und Pflanzen, nachdem sie gestorben sind, nicht verwesen, würde die Welt im Abfall versinken. Zum Glück zersetzen Mikroorganismen (wie etwa Bakterien) organische Materialien. Leg dir einige Kompost-Gläser an und beobachte, wie lange es dauert, bis verschiedene Materialien abgebaut sind.

Das brauchst du:

- 3 große saubere Kompott- oder Einmachgläser mit Schraubdeckeln
- Hammer und Nagel
- Gartenerde
- Wasser
- Zeitung
- Bananenschale
- biologisch abbaubare Plastiktüte
- Thermometer

Nimm die Schraubdeckel von den Gläsern und stanze mit Hammer und Nagel einige Löcher hinein. Lass dir von einem Erwachsenen helfen und pass dabei auf deinen Daumen auf!

Befülle die Gläser zur Hälfte mit Erde aus dem Garten. Wenn sie trocken ist, befeuchte sie mit ein wenig Wasser. Aber nimm nicht zu viel, die Erde soll nicht triefend nass sein.

Gib nun die Materialien in die Gläser: In das erste legst du ein Stück Bananenschale und in das zweite ein zerknülltes Stück Zeitungspapier. In das dritte kommt ein Stück von der biologisch abbaubaren Plastiktüte. Manche Hundehäufchen- und Mülltüten sind aus biologisch abbaubarem Material – so eine wäre also perfekt.

Normale Plastiktüten brauchen gut hundert Jahre, bis sie zerfallen sind, doch auch Tüten aus „Bioplastik" verschwinden nicht über Nacht. Auf Deponien brauchen sie Monate und Jahre, um zu verrotten. Benutze sie also mit Bedacht und frag im Rathaus deiner Gemeinde nach, ob du sie überhaupt für Bioabfälle benutzen darfst.

Fülle die drei Gläser nun bis oben hin mit Erde auf. Achte dabei darauf, dass deine drei Testmaterialien gut sichtbar bleiben. Wenn du ein Thermometer hast, kannst du es vorsichtig ins Erdreich stecken und die Temperaturen messen, die in der Mitte der Gläser herrschen. Notiere sie in deinem Naturforscher-Handbuch. Schraub nun die Deckel auf und stelle die Gläser nach draußen an einen sonnigen Ort, zum Beispiel auf den Balkon oder die Terrasse.

Es dauert eine Weile, bis organische Substanzen zersetzt sind. Mach dich also auf eine längere Wartezeit gefasst. Schau jede Woche nach deinen Gläsern. Kannst du schon Unterschiede erkennen? Fangen die Materialien an zu verrotten? Nimm die Deckel herunter und miss erneut die Temperaturen in den Gläsern. Notiere sie. Wenn Mikroorganismen etwas zersetzen, geben sie Hitze ab. Du solltest also einen leichten Temperaturanstieg bemerken.

Beobachte deine Gläser etwa zwei bis drei Monate lang. Leere sie dann aus und schau nach, was passiert ist. Wurde schon etwas vollständig zu Kompost abgebaut? Welches Material ist am wenigsten zersetzt (und braucht also länger)? Gib das, was noch nicht ganz verrottet ist, zurück in dein Kompostglas und führe das Experiment fort: Wie lang dauert es, bis das Material kompostiert ist?

27

Lass sie schneller wachsen!

Pflanzen brauchen zum Wachsen mehr als nur Wasser und Sonnenlicht. Sie brauchen auch Nährstoffe wie zum Beispiel Stickstoff. Pflanzendünger enthält Stickstoff. Vergleiche, was passiert, wenn du einige Pflanzen düngst und andere nicht.

Das brauchst du:

- 10 mittelgroße Blumentöpfe
- Pflanzerde und Mutterboden
- 1 Päckchen Sonnenblumensamen
- Wasser
- wasserfesten Stift
- flüssigen Blumendünger
- 2 große Plastikflaschen

Mische die Pflanzerde mit etwas Mutterboden aus deinem Garten und befülle damit die zehn Blumentöpfe bis zum Rand. Drücke die Erde dann mit deinen Händen etwas fest. Mutterboden ist die oberste Schicht des Bodens.

Wähle zehn gleich große Sonnenblumensamen aus. Leg immer einen Samen in einen Topf, drücke ihn vorsichtig etwa einen Zentimeter tief hinein und bedecke ihn dann locker mit Erde. Befeuchte die Erde, indem du in alle zehn Töpfe gleich viel Wasser gießt.

Beschrifte fünf Blumentöpfe mit „Dünger“ und die anderen fünf mit „Wasser“. Stelle dann alle zehn Töpfe auf eine sonnige Fensterbank.

Beschrifte die eine Flasche mit „Dünger“ und die andere mit „Wasser“. Befülle die Wasserflasche mit Wasser. Bereite dann den Dünger vor. Die meisten Blumendünger sind Konzentrate, die mit Wasser verdünnt werden müssen. Lies dir die Packungsanweisungen gut durch und folge ihnen, wenn du deine Düngemischung in der Düngerflasche anrührst. Lass dir dabei von einem Erwachsenen helfen.

Wenn die Erde in den Töpfen trocken wird, brauchen deine Pflanzen Wasser. Gib dann in jeden Topf die gleiche Menge Flüssigkeit. Die mit „Wasser“ beschrifteten Keimlinge gießt du mit Wasser, die anderen mit dem Dünger. Je nachdem, wie warm es ist, musst du deine Sonnenblumenpflanzen zwei- bis dreimal pro Woche gießen. Solltest du mehr Dünger brauchen, rühre neuen an.

Bald werden die Samen keimen und kleine Keimlinge aus der Erde sprießen. Miss einmal pro Woche nach, wie groß sie sind und notiere das in deinem Naturforscher-Handbuch. Notiere dir auch, wie viele Blätter die Pflanzen haben. Fällt dir noch mehr auf? Sonnenblumen können richtig schnell wachsen, vielleicht werden sie schon bald einen Stock als Stütze brauchen. Wenn sie noch größer werden, solltest du sie besser in einen größeren Topf umsetzen. Das solltest du dann mit allen zehn Pflanzen gleichzeitig tun.

Auch wenn die Luft voller Stickstoff ist, können Pflanzen ihn nicht direkt nutzen. Sie sind von speziellen Mikroorganismen im Boden abhängig, die den Stickstoff aus der Luft in andere, für die Pflanzen bessere Formen umwandeln.

Nach wenigen Wochen kannst du deine Daten vergleichen: Welche Pflanzen sind am höchsten gewachsen? Gibt es einen Unterschied zwischen den gedüngten und den gewässerten Sonnenblumen?

28

Teste den pH-Wert deines Bodens

Der pH-Wert ist ein Maß dafür, wie sauer oder basisch beziehungsweise alkalisch etwas ist. Einige Pflanzen wachsen lieber auf saurem Boden, während andere Erde bevorzugen, die eher basisch ist. Mit diesem einfachen Test kannst du den pH-Wert des Bodens in deinem Garten bestimmen.

Das brauchst du:

2 flache Teller oder Untertassen

Gartenerde

Essig

Backpulver und destilliertes Wasser

Nimm etwas Erde und reibe damit deine Hände ein. So wirst du Reste von Seife oder Handcreme los, die dein Experiment verunreinigen und stören könnten.

Gib Erde aus deinem Garten auf die beiden Teller. Die Erde sollte recht trocken sein. Ist sie zu feucht, lass sie eine Weile auf der Fensterbank trocknen.

Träufele etwa fünf Esslöffel Essig auf die Erde im ersten Teller und beobachte, was passiert. Sollten sich Blasen bilden, ist dein Boden wahrscheinlich basisch.

Streue einen Esslöffel voll Backpulver auf die Erde im zweiten Teller und befeuchte sie dann mit etwas destilliertem Wasser. Wenn es jetzt sprudelt und blubbert, ist der Boden in deinem Garten wohl sehr sauer.

Wenn weder beim Essig- noch beim Backpulver-Versuch etwas passiert, ist der Boden in deinem Garten vermutlich pH-neutral.

Solltest du bei diesem Versuch Blubberblasen gesehen haben, hast du eine chemische Reaktion beobachtet. Wenn saure und basische Stoffe aufeinandertreffen, bilden sich Wasser und Kohlensäuregas. Die Blasen der Kohlensäure steigen nach oben – so wie in einem Limonadengetränk – und lassen die Flüssigkeit sprudeln.

WUSSTEST DU SCHON?

Die pH-Wertskala reicht von 0 bis 14. Ein pH-Wert von 7 ist neutral. Ist der pH-Wert niedriger als 7, ist er sauer, über 7 ist er basisch. Die meisten Pflanzen mögen einen pH-Wert zwischen 6 und 7.

Informiere dich, welche Pflanzen den Bodentyp in deinem Garten bevorzugen. Könnte das erklären, warum einige Pflanzen hier besser wachsen als andere? Rhododendren, Pfingstrosen, Tomaten und Kartoffeln mögen beispielsweise saure Böden, Sommerflieder und Goldregen dagegen bevorzugen basische Böden.

Wenn du wissen willst, welchen pH-Wert der Boden in deinem Garten genau hat, besorge dir pH-Indikatorpapier. Vielleicht hat dein Chemielehrer welches, das er dir geben kann, ansonsten bekommst du es auch in der Apotheke. Stecke den Papierstreifen in feuchte Erde und warte, bis sich der Farbstreifen verfärbt. Vergleiche die Farbe des Teststreifens dann mit der Farbskala auf der Packung. So kannst du den pH-Wert deines Bodens ablesen. Oder aber du machst dir selber einen Indikator aus Rotkohl (Seite 152/153).

29

Das Bodenbeschaffenheits-Experiment

Manche Gärten haben leichten sandigen Boden, andere einen schweren lehmigen Boden. Es gibt viele verschiedene Bodenarten. Wie ist der Boden in deinem Garten beschaffen? Mit diesem einfachen Experiment findest du es heraus.

Befülle das Glas zu drei Vierteln mit Gartenerde. Es dürfen keine Steine oder Kiesel darin sein. Große Erdklumpen solltest du fein zerbröseln.

Das brauchst du:

Gartenerde

sauberes Glas mit Schraubdeckel

Waschpulver

Salz

Teelöffel

Gib nun einen Teelöffel Waschpulver und einen Teelöffel Salz zur Erde hinzu. Gieße bis unter den Rand des Glases Wasser dazu. Rühre die Mischung mit dem Löffel um und dreh dann den Deckel fest auf. Alle Zutaten müssen richtig gut vermischt sein. Schüttel das Glas also etwa fünf Minuten lang kräftig durch.

Stelle das Glas dann auf die Fensterbank und lass es dort einige Tage lang stehen. Bewege es in dieser Zeit möglichst nicht, sondern lass es völlig ungestört. Nach ein paar Tagen wird sich die Erde im Glas in verschiedenen Schichten absetzen.

Erde besteht aus verschiedensten Teilchen. Sand-Teilchen sind am schwersten, sie werden also rasch zu Boden sinken. Lehm-Teilchen sind am leichtesten, sie werden sich daher oben absetzen. Schluff, auch Silt genannt, besteht aus feinkörnigen Teilchen. Sollte welcher in deinem Boden vorkommen, wird er sich in der Mitte zwischen dem Sand und dem Lehm absetzen.

Um zu prüfen, wie viele verschiedene Bestandteile in welchen Mengen in deiner Gartenerde vorkommen, kannst du nun die Dicke der jeweiligen Schichten in deinem Glas messen. Ist die Sandschicht die dickste, hast du eher sandigen Boden.

Sandige Böden sind leicht zu bearbeiten, allerdings trocknen sie auch schneller aus und sind nicht so fruchtbar. Das bedeutet, dass du einen sandigen Boden öfter wässern und düngen solltest. In lehmigen Böden zu graben, ist schwere Arbeit. Doch sie sind reich an Nährstoffen und halten das Regenwasser besser. Wenn sie jedoch zu nass werden, fällt es den Pflanzen schwer, in ihnen zu wachsen.

Suche mit Bedacht die Pflanzen aus, die für deinen Boden geeignet sind. Lavendel liebt zum Beispiel sandigen Boden, während Rosen eher lehmigen Boden bevorzugen.

30

Mach einen Laub-Komposter!

Kompost besteht aus organischen Substanzen, die verrottet sind. Er enthält viele Nährstoffe, die den Pflanzen beim Wachsen helfen. Mach Kompost in einem selbst gebauten Kompostbehälter und versorge damit die Pflanzen in deinem Garten!

Das brauchst du:

- **4 Kiesel oder kleine Steine**
- **4 kräftige Bambusstäbe** (je etwa 1 m lang)
- **Gummihammer**
- **Kaninchen- oder Volierendraht**
- **Binde- oder Spanndraht**
- **Drahtschere oder Kneifzange**
- **Handschuhe** (wenn du möchtest)
- **abgefallene Blätter von Laubbäumen**

Dies ist eine Aktivität für den Herbst, wenn überall Laub herumliegt. Überleg, wo dein Kompostbehälter stehen soll. Es wird ein bis zwei Jahre dauern, bis aus dem Laub Kompost geworden ist – wähle also eine Stelle in einer eher ungenutzten, abgelegenen Ecke deines Gartens.

Markiere den Grundriss deines Kompostbehälters, indem du vier Steinchen an die vier Ecken legst. Der Komposter muss nicht groß sein – Seitenmaße von etwa 1 x 1 m genügen völlig.

Die Stäbe werden die Ecken deines Kompostbehälters bilden. Bohre oder schlage sie mit dem Hammer so in den Boden, dass sie ohne Stütze aufrecht und gerade stehen. Lass dir dabei gern von einem Erwachsenen helfen.

Auch beim nächsten Schritt wirst du vermutlich Hilfe von einem Erwachsenen brauchen. Rolle den Kaninchen- oder Volierendraht aus und führe ihn um die vier Eckstäbe herum. Das Drahtgeflecht sollte einmal um die vier Ecken laufen – und sich am Anfang und Ende ein bisschen überlappen. Den überstehenden Draht kneifst du ab.

Schneide kleine Stücke Binde- oder Spanndraht ab und befestige damit das Drahtgeflecht an den vier Ecken. Pro Ecke brauchst du mindestens zwei Befestigungen: eine oben und eine unten. Mit weiterem Draht verbindest du die sich überlappenden Enden. Schneide überstehende Drähte mit der Drahtschere oder der Kneifzange ab. Jetzt ist dein Laub-Komposter fertig!

Die Blätter werden nicht von allein zu Kompost. Dafür sorgen winzige Organismen wie Bakterien und Pilze, die die Blätter zu Erde zersetzen.

Kehre das Laub, das von den Bäumen in deinem Garten herabgefallen ist, zusammen und wirf es in den Kompostbehälter.

Wenn die Blätter in deinem Komposter zu trocken werden, besprenkle sie mit Wasser. In ein oder zwei Jahren werden die Blätter verrottet sein und du erhältst nährstoffreichen Kompost.

31

Mit Bodenerosion experimentieren

Wenn Boden von Wind oder Wasser weggetragen wird, verliert er auch wichtige Nährstoffe und seine Qualität verschlechtert sich. Bodenerosion ist ein großes Problem, nicht nur für Pflanzen – dadurch werden auch Flüsse verschmutzt und Tiere verlieren ihren Lebensraum. Finde heraus, wie sich Boden festigen und Bodenerosion verhindern lässt.

Das brauchst du:

- **3 Alu-, Plastik- oder Styroporschalen** (z. B. von der Salat-Theke im Supermarkt)
- **3 Teller**
- **Pflanzerde und Grassamen**
- **spitzen Bleistift und Schere**
- **Folienschreiber**
- **Laubblätter und kleine Steine**
- **3 Bauklötze oder Bücher**
- **Wasser und Gießkanne**

Pikse mit dem Bleistift je zehn Löcher in den Boden der drei Schalen, durch die das Wasser abfließen kann. Die Löcher sollten so groß sein, dass der Bleistift ganz durchpasst.

Beschrifte die erste Schale an einer langen Seite mit „Gras“. Befülle sie mit Erde und gib dann großzügig Grassamen drauf. Begieße sie vorsichtig mit Wasser, bis die Erde feucht ist. Setze die Schale auf einen Teller und stelle sie auf das Fensterbrett. Lass sie dort ein bis zwei Wochen stehen, vergiss aber nicht, regelmäßig zu gießen. Wenn das Gras schön dicht gewachsen ist, kannst du mit dem nächsten Schritt fortfahren.

Befülle auch die zweite und die dritte Schale mit Erde. Begieße sie behutsam mit Wasser, bis die Erde etwas feucht ist. Beschrifte die zweite Schale mit „Blätter und Steine“, gib dann Blätter und Steine auf die Erde. Beschrifte die dritte Schale mit „nur Erde“. Damit ist die dritte Schale auch schon fertig.

Schneide mit der Schere vorsichtig eine der schmalen Seiten von jeder Schale ab. Die drei Schalen sollten nun also alle nur noch drei Seitenwände haben. Stelle jede Schale halb auf einen Teller. Die offenen Schalenseiten sollen zur Mitte der Teller weisen, die gegenüberliegenden geschlossenen Seiten sollen über die Teller hinausragen.

Leg nun unter die hinausragenden Seiten jeweils einen Bauklotz oder ein Buch, damit die Schalen geneigt stehen.

Jetzt lässt du es „regnen“. Diesen Schritt solltest du im Freien durchführen. Begieße eine Schale nach der anderen mit Wasser aus deiner Gießkanne. Halte die Gießkanne dabei hoch, sodass das Wasser über die ganze Schale spritzt. Zähle beim Gießen jeweils bis zehn, dann setzt du die Gießkanne ab.

Schau nun in den Tellern nach, wie viel Erde aus den Schalen herausgeschwemmt wurde. Haben das Gras oder die Blätter und Steine den Abtrag der Erde gemildert oder sogar ganz verhindert?

Die Wurzeln der Pflanzen bilden ein dichtes Gewebe, das den Boden festigt und verhindert, dass er fortgetragen wird. Auch Blätter und Steine können das Erdreich vor Erosion schützen.

32

Erde als Filter

Erdboden ist ein natürlicher Filter. Er kann bestimmte Schmutzstoffe und Chemikalien auffangen und so dabei helfen, das Wasser zu reinigen. „Verschmutze“ Wasser mit Lebensmittelfarbe und kläre es dann durch einen natürlichen Erdboden-Filter.

Das brauchst du:

- 3 große Plastikflaschen
- Schere
- Schmirgelpapier
- 3 Marmeladengläser
- Steine
- Sand und Mutterboden
- Moos oder grüne Laubblätter
- Krug voll Wasser
- Lebensmittelfarbe

Schneide die Böden deiner drei Plastikflaschen ab und schmirgele die scharfen Kanten ab. Dreh die Flaschen um und stecke sie mit dem Flaschenhals nach unten in die drei Marmeladengläser. Befülle die Flaschen nun zuerst mit einer Schicht dicht gepackter Steine. Die Steine müssen größer sein als der Flaschenhals, weil sie sonst durchfallen.

Fülle nun in die erste Flasche eine etwa 10 cm dicke Schicht Sand. In die zweite Flasche füllst du eine etwa 10 cm dicke Schicht Mutterboden. Mutterboden ist die oberste Schicht des Bodens in deinem Garten. In die dritte Flasche füllst du eine dicke Schicht Mutterboden, auf die du zusätzlich noch eine Schicht Blätter und Moos gibst. Bei dieser Schicht kannst du deiner

Kreativität freien Lauf lassen: Fülle einfach ein, was du in deinem Garten findest und von dem du denkst, dass es hilfreich beim Filtern des Wassers sein könnte.

Rühre nun die Lebensmittelfarbe in einem Krug mit Wasser an. Das ist dein „verschmutztes“ Wasser. Gib in jede der drei Flaschen etwa gleich viel gefärbtes Wasser und beobachte, was passiert.

Die Flüssigkeit wird durch die unterschiedlichen Schichten fließen und dann unten in die Marmeladengläser tropfen. Die gereinigte Flüssigkeit nennt man „Filtrat“. Sollte unten kein Wasser heraustropfen, kippe noch etwas „verschmutztes“ Wasser nach.

Sei nicht enttäuscht, wenn das filtrierte Wasser trüb oder schmutzig ist. Das passiert oft zu Beginn dieses Experiments. Gieße das schmutzige Wasser weg und kippe dann erneut gefärbtes Wasser oben in die Filter.

Sieh dir das gefilterte Wasser in den Marmeladengläsern genau an. Welches ist am stärksten gefärbt? Dieses Wasser enthält noch die meisten „Schmutzstoffe“. Es wurde nicht gut gefiltert. Wo ist das Wasser am klarsten? Dieses Wasser wurde am besten gefiltert.

Boden, der viel Lehm und Schluff enthält, ist ein guter natürlicher Filter. Größere Schmutzpartikel werden von der schweren Erde aufgefangen, während die Wassermoleküle hindurchsickern.

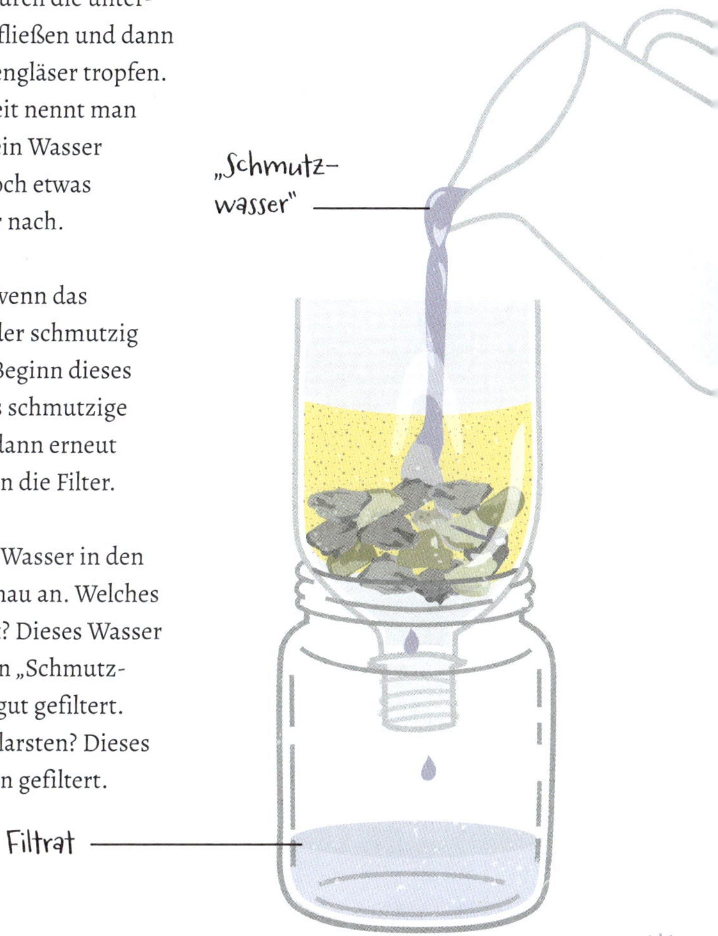

33

Mini-Wurmerei

Würmer sind die heimlichen Helden unter der Erde. Sie spalten organische Stoffe auf, wühlen die Erde um und reichern sie durch ihre Exkremente mit Nährstoffen an. Beobachte sie bei ihrer so wichtigen Tätigkeit für den Kreislauf der Natur, indem du sie eine Zeit lang bei dir einziehen lässt.

Das brauchst du:

- Blumentopf
- Farben und Pinsel
- Plastikflasche
- Schere, Schmirgelpapier
- Gartenerde und Sand
- Grasschnitt, Laub und ein paar Kieselsteine (wenn du magst)
- 2-3 Regenwürmer
- Zeitungspapier und Klebeband

Verschönere zuallererst deinen Blumentopf, indem du ihn kunterbunt anmalst. Wenn du magst, kannst du sogar ein kleines Schild mit der Aufschrift „Hier leben Würmer!" basteln. Lass alles gut trocknen.

Schneide mit der Schere den Boden und den Hals von deiner Flasche ab, um ein durchsichtiges Rohr zu erhalten. Achtung: Die Ränder können scharf sein. Schmirgele sie daher am besten ab.

WUSSTEST DU SCHON?

Der Megascolides australis, ein im australischen Gippsland lebender Wurm, wird zwei bis drei Meter lang!

Stelle das Rohr aufrecht in die Mitte des Blumentopfs. Fülle etwas Erde rundherum in den Topf, damit das Rohr stabil steht. Befülle nun das Rohr abwechselnd mit Erde und Sand. Regenwürmer lieben es feucht, gieße also auf jede Schicht immer wieder ein wenig Wasser. Die Erdschichten sollten etwa so dick wie dein Daumen sein, die Sandschichten etwas dünner.

Als letzte Schicht füllst du oben die Grasschnipsel, etwas Laub und, wenn du möchtest, einige Steine ein. Regenwürmer ernähren sich von abgestorbenen Pflanzenresten, Gras und Laub sind also ihr Futter.

Suche im Garten nach Würmern. Sie verstecken sich im Erdreich. Wenn du keine finden solltest, versuche es mal damit, die Erde zehn Minuten lang mit dem Gartenschlauch zu wässern. Das sollte eigentlich ausreichend Regenwürmer an die Oberfläche locken. Würmer sind Lebewesen, behandele sie also vorsichtig.

Setze zwei oder drei Regenwürmer in die Gras- und Laubschicht deiner Mini-Wurmerei und beobachte, wie sie sich in die Erde eingraben. Würmer leben in der Dunkelheit. Wickele also Zeitungspapier um das Rohr und befestige es mit Klebeband. So wird es rund um deine Würmer dunkel und sie kommen vielleicht bis an die Ränder des Rohrs, sodass du sie sehen kannst, wenn du ab und zu das Zeitungspapier abnimmst.

Stelle deine Wurmerei an einen kühlen, dunklen Ort und sieh jeden Tag nach. Beobachte, wie Gras und Laub allmählich verschwinden und wie die Erd- und Sandschichten durchmischt werden. Notiere in deinem Naturforscher-Handbuch, wie lange es dauert, bis das Futter ganz weg ist. Nach einigen Tagen solltest du die Würmer wieder an einer sicheren Stelle im Freien aussetzen.

34

Wie luftig ist dein Boden?

Sie mag zwar nur nach Matsch aussehen, aber Erde enthält viel Luft. Diese besteht unter anderem aus Sauerstoff, der Tiere und Pflanzen atmen lässt, und Stickstoff, der wichtig für Pflanzen ist. Finde mit diesem einfachen Experiment heraus, wie viel Luft verschiedene Bodenproben beinhalten.

Sammele drei verschiedene Bodenproben ein. Nimm dafür Erde von unterschiedlichen Orten, zum Beispiel aus einem Blumenbeet, unter einer Hecke und von einem Bachufer.

Das brauchst du:

- Pflanzkelle und Spaten
- 3 verschiedene Bodenproben
- Wasser und Sprühflasche
- 3 Trink- oder Marmeladengläser
- Smartphone oder Kamera

Versuche Bodenproben zu finden, die sich unterschiedlich anfühlen und aussehen. Du brauchst jeweils eine Handvoll.

Sollten die Bodenproben sehr trocken sein, befeuchte sie mit Wasser aus der Sprühflasche. Forme aus jeder Probe einen festen Ball. Die drei Bälle sollten etwa gleich groß sein und in die Gläser passen.

Befülle die Gläser nun zu drei Vierteln mit Wasser. Lass die erste Bodenprobe in das erste Gefäß fallen und filme mit dem Smartphone oder einer Kamera, was passiert. Was siehst du? Winzige Luftblasen werden von der Bodenprobe freigesetzt. Sie steigen zur Wasseroberfläche auf und verschwinden dann.

Die Erde besteht bis zu 25 % aus Gasen wie Sauerstoff, Kohlendioxid und Stickstoff. Ist der Boden stark verdichtet oder durchnässt, ist weniger Raum für Luft – was den Organismen in der Erde das Überleben schwer macht.

Wie viele es sind, wirst du kaum zählen können – und hier kommt dein Video ins Spiel: Sieh es dir, wenn möglich, in Zeitlupe noch einmal an und zähle die Luftblasen, die von der Bodenprobe aufsteigen.

Wiederhole den Versuch mit der zweiten und der dritten Bodenprobe. Mache dir in deinem Naturforscher-Handbuch eine Tabelle und notiere, von welcher Bodenprobe wie viele Luftblasen freigesetzt wurden.

In welcher Bodenprobe war die meiste Luft? In welcher am wenigsten? Was, denkst du, bedeutet das für die Tiere und Pflanzen, die in den verschiedenen Böden leben?

Wiederhole das Experiment mit Bodenproben von denselben Orten. Grabe diesmal aber etwa 20 cm tief und nimm Erde aus dieser tieferen Bodenschicht. Vergleiche diese Probe mit der Erde von der Oberfläche. Nimm eine dritte Bodenprobe aus einer noch tieferen Schicht. Grabe dafür so tief du kannst. Was beobachtest du? Die Erde von der Oberfläche sollte viel mehr Luft enthalten als die Erde aus den tieferen Schichten.

35

Wie viel Wasser hält dein Boden?

Es ist wichtig, dass das Erdreich Wasser speichern kann, denn Pflanzen brauchen es zum Wachsen. Doch so unterschiedlich die Böden sind, so unterschiedlich speichern sie Wasser. Versuche mit diesem Experiment herauszufinden, wie viel Wasser der Boden in deinem Garten speichert.

Das brauchst du:

- Mutterboden, Sand und Lehm
- Küchenwaage
- Trichter
- Marmeladenglas
- 3 Kaffeefilter
- Wasser
- Messbecher

Sammele eine große Handvoll Mutterboden aus deinem Garten. Wiege mit der Küchenwaage 50 g davon ab.

Stelle den Trichter in das Marmeladenglas und platziere einen Kaffeefilter so darin, dass er offen steht. Gib die abgewogene Erde in den Kaffeefilter, so als würdest du Kaffeepulver einfüllen.

Miss 50 ml Wasser in deinem Messbecher ab. Gieße es langsam über die Erde im Filter. Warte fünf Minuten. Was passiert? Etwas Wasser wird durch die Erde in das Marmeladenglas laufen. Gib dieses Wasser in den Messbecher und prüfe, wie viel du sammeln konntest.

Wiederhole das Experiment nun mit einer Mischung aus Mutterboden und Sand. Wiege dazu etwa 25 g Mutterboden ab und gib so viel Sand hinzu, dass du auf insgesamt 50 g kommst. Sand ist ein natürlicher Bestandteil des Bodens, aber manche Böden sind sandiger als andere. Fängst du diesmal mehr oder weniger Wasser im Marmeladenglas auf?

Wiederhole das Experiment mit einer neuen Mischung. Zerkrümele nun etwas trockenen Lehm und mische ihn unter den Mutterboden. Lehm ist ebenfalls ein natürlicher Bestandteil in vielen Böden. Wie viel Wasser konntest du in diesem letzten Durchgang sammeln?

Notiere deine Beobachtungen im Naturforscher-Handbuch. Warum, denkst du, haben die verschiedenen Durchgänge unterschiedliche Ergebnisse? Sand-Teilchen sind größer als Lehm-Teilchen, deswegen enthält sandiger Boden mehr Zwischenräume, durch die mehr Wasser hindurchfließen kann. Wenn du also die Wasserdurchlässigkeit des Bodens in deinem Garten verbessern möchtest, füge Sand zu. Lehm-Teilchen sind kleiner als Sand-Teilchen. Sie sitzen dicht an dicht aneinander, sodass es nur wenige Zwischenräume gibt. Das bedeutet, dass lehmhaltige Böden Wasser besser speichern als sandige. Gut zu wissen, wenn es bei dir zu Hause eher selten regnet.

Optimiere den Wassergehalt deines Bodens: Füge Sand hinzu, um ihn wasserdurchlässiger zu machen. Füge Lehm hinzu, um die Wasserspeicherung zu verbessern.

FANTASTISCHE FAKTEN

Sie ist schrecklich schmutzig und einfach nur dreckig und doch ist Erde ein wunderbarer Lebensraum und sogar überlebenswichtig für viele verschiedene Ökosysteme. Sie mag langweilig braun aussehen, doch wer sich erst einmal damit beschäftigt, erkennt schnell, was alles Tolles in der Erde steckt! Einige fantastische Fakten:

★ Ein Viertel der weltweit bekannten Arten lebt im Erdboden. Das sind Millionen verschiedener Arten, dabei wurde bisher nur 1 % aller in der Erde lebenden Organismen wissenschaftlich beschrieben. Wenn du genau hinschaust, entdeckst du vielleicht eine neue Art!

★ Ein Teelöffel Gartenerde enthält Tausende Organismen, die meisten davon sind so winzig klein, dass sie mit bloßem Auge nicht zu erkennen sind. Darunter befinden sich zum Beispiel mikroskopisch kleine Bakterien und Pilze.

★ Um zu entstehen, braucht Erde Hunderte von Jahren. Sie entsteht nämlich, wenn Felsen zu Steinen, zu Sand und schließlich in mikroskopisch kleine Bestandteile zerfallen. Man nennt diesen Vorgang Verwitterung. Auch Wasser, Luft und Kleinstlebewesen tragen zur Entstehung von Erdboden bei.

★ Gesunder Boden muss nicht immer braun sein. Je nachdem, wie sich die Erde zusammensetzt, kann sie gelblich, rot, schwarz, grünlich oder grau sein. Braune Erde enthält viele organische Substanzen, während grünliche Erde das Mineral Glaukonit enthält.

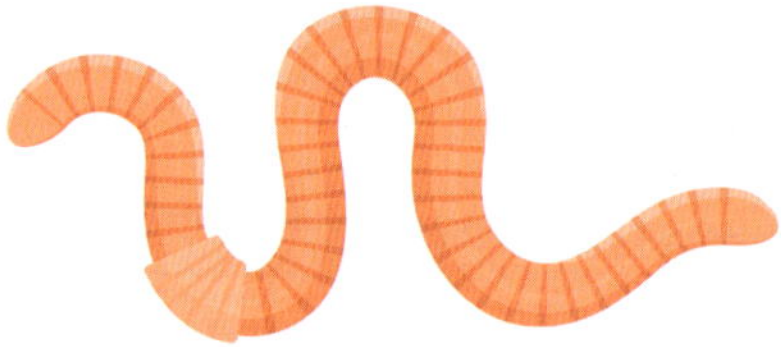

★ Der britische Wissenschaftler Charles Darwin (1809 – 1882) war fasziniert von Würmern. Weil sie den Boden lockern und ihn mit organischen Substanzen vermischen, nannte er sie die „Pflüge der Natur“. Er testete auch ihr Hörvermögen, indem er ihnen auf seinem Fagott vorspielte.

Es gibt 18 000 verschiedene Ringelwurm-Arten. Der „Spiegelei-Wurm“, wissenschaftlicher Name *Archipheretima middletoni*, (Foto oben) lebt auf den Philippinen und hat Punkte auf seinem dunkelblauen Körper, die wie winzige Spiegeleier aussehen.

Wir wissen heute, dass Bäume Kohlendioxid aus der Luft herausfiltern, das in großen Mengen zur Klimaerwärmung beiträgt. Aber wusstest du auch, dass im Boden viel mehr Kohlendioxid gebunden wird als in allen Wäldern der Welt zusammen? Wenn Organismen wie Tiere oder Pflanzen sterben und von Mikroorganismen zersetzt werden, wird das Kohlendioxid aus den verendeten Lebewesen in den Boden eingebracht.

Ohne Erde wären wir sehr hungrig. 95 % aller Lebensmittel, die wir essen, wachsen auf oder im Erdboden. Deinen Kompost kannst du mit Eierschalen, Teebeuteln und Kaffeepulver anreichern. Dieser Biomüll enthält viele Nährstoffe, die den Pflanzen beim Wachsen helfen.

Wenn Wälder gerodet werden, um Platz zu schaffen für große landwirtschaftlich genutzte Flächen, laugen die angesäten Pflanzen den nährstoffreichen Boden bald aus. Schätzungsweise verlieren wir in Europa jedes Jahr eine Fläche fruchtbarer Böden so groß wie Berlin. Doch wir brauchen gesunde Böden, um alle Menschen der Erde zu ernähren.

3

FASZINIERENDE PFLANZEN

Wenn du das Gewicht aller Lebewesen auf unserem Planeten wiegen wolltest, also alle Tiere, Pflanzen, Pilze, Bakterien und andere Einzeller, würdest du schnell feststellen, dass du eine sehr, sehr große Waage bräuchtest. Außerdem würdest du merken, dass Pflanzen über 80 % der Gesamtmenge ausmachen. Wir leben auf einem mit Pflanzen überwachsenen Planeten. Sie sind für uns überlebenswichtig. Es ist also an der Zeit, sie besser kennen- und lieben zu lernen!

FASZINIERENDE PFLANZEN

Pflanzen sind unfassbar erfolgreich. Sie wachsen so gut wie überall: im Herzen der Wüste, wie etwa der Kaktus *Opuntia basilaris* (Foto rechts oben), in der eisigen Einöde der Arktis, wie Wollgräser (Foto rechts unten), in winzigen Felsspalten und sogar im Straßenasphalt.

Algen sind winzig klein und bestehen nur aus einer einzigen Zelle, die größten Pflanzen – immergrüne Mammutbäume – wachsen über 100 Meter hoch in den Himmel (Foto unten). Pflanzen beschenken uns mit ihrer unglaublichen Vielfalt an Farben und laden uns zum Forschen und Entdecken ein. Aus Pflanzen gewinnen wir Nahrung, Medizin und Baumaterialien. Am wichtigsten von allem aber ist, dass sie uns mit Sauerstoff versorgen, den wir jeden Tag zum Atmen brauchen.

Pflanzen nehmen Kohlendioxid aus der Luft auf und wandeln es mithilfe von Sonnenlicht und Wasser in Zucker

und Sauerstoff um. Die Zuckerstoffe brauchen die Pflanzen zum Wachsen. Der Sauerstoff ist eigentlich ein Nebenprodukt und wird an die Umwelt abgegeben. Dieser Prozess wird Fotosynthese genannt und ist der Grund dafür, warum viele Leute Wälder die „Lungen der Erde" nennen.

Weil wir Menschen unter anderem durch Autos und Fabriken sehr viel Kohlendioxid in die Umwelt blasen und jeden Tag viel Regenwald abgeholzt wird, um die Flächen wirtschaftlich zu nutzen, brauchen wir Bäume und andere Pflanzen mehr denn je. Sie helfen, überschüssiges Kohlendioxid, kurz CO_2, aus der Luft aufzunehmen und so den Klimawandel günstig zu beeinflussen.

Es ist höchste Zeit, dass wir Menschen erkennen, wie wichtig Pflanzen für uns sind. In diesem Kapitel wirst du erforschen, wie Pflanzen wachsen und was sie brauchen, um kräftig und gesund zu bleiben. Es gibt Experimente, mit denen du das Alter und die Höhe deines Lieblingsbaumes ermitteln kannst oder durch die du verstehst, warum sich Blätter im Herbst verfärben. Du wirst aus Gemüseresten und Saaten aus dem Vorratsregal Pflanzen wachsen lassen und Blätter so bearbeiten, dass nur noch ihr „Skelett" übrig bleiben wird. Du wirst aus Gemüse lustige Figuren basteln, die Farbe von Blumen verändern und deinen Namen aus Kresse wachsen lassen. Viel Spaß beim Erkunden der wunderbaren Pflanzenwelt!

36

Fototropische Schachtel

Pflanzen brauchen Licht, um zu wachsen – und deswegen wachsen sie auch immer zum Licht hin. Das wird Fototropismus genannt. Für dieses Experiment brauchst du einen Schuhkarton, eine Kartoffel und Sonnenlicht – und schon kannst du eine Menge über den Fototropismus herausfinden.

Das brauchst du:

- Schuhkarton mit Deckel
- Schere
- großen Bogen Fotokarton oder Tonpapier
- Stift, Lineal, Kleber
- Kartoffel mit Augen
- Messer
- kleinen Blumentopf
- Pflanzerde und Wasser
- Klebeband

Stelle den offenen Schuhkarton auf eine der beiden schmalen Seitenwände, sodass er hochkant steht. Schneide mit der Schere ein Loch in die nach oben weisende schmale Seitenfläche. Es sollte einen Durchmesser von etwa 3 cm haben.

Stelle den Schuhkarton hochkant auf den Fotokarton. Zeichne seinen Umriss nach, setze ihn um und zeichne den Umriss ein zweites Mal nach. Schneide die beiden Flächen aus – das werden die „Regalböden" für die fototropische Schachtel. Miss von den schmalen Seiten der Regalböden etwa 4 cm ab und knicke sie hier einmal um. Öffne das geknickte Stück anschließend so, dass es einen rechten Winkel zum restlichen Fotokarton bildet.

Klebe nun beide Regalböden in deinen Schuhkarton ein. Bestreiche dazu die schmalen, abgeknickten Seiten mit Kleber und hefte sie einmal rechts und einmal links an die Schuhkarton-Innenwand. Die Regalböden sollten den Karton in drei etwa gleich große Abschnitte unterteilen. Sie verhindern, dass das Sonnenlicht direkt durch das Loch in die Schachtel einfällt. Der Keimling soll später um die Hindernisse herumwachsen.

Du brauchst nun eine Kartoffel, die bereits „Augen" hat, also kleine Stellen, an denen sich Triebe entwickeln. Befülle den Blumentopf mit feuchter Erde. Schneide die Kartoffel in der Mitte durch und drücke die Hälfte mit dem Trieb mit der Schnittstelle nach unten in die Erde.

Stelle den Blumentopf auf den Boden des hochkant stehenden Schuhkartons. Verschließe ihn mit dem Deckel und befestige diesen mit Klebeband. Stelle den Karton nun an einen warmen, sonnigen Ort, zum Beispiel auf die Fensterbank, und lass ihn dort etwa drei Wochen lang stehen. Öffne den Karton einmal pro Woche und schau nach, ob deine Pflanze Wasser braucht. Wässere sie dann und klebe den Deckel wieder fest.

WUSSTEST DU SCHON?

„Foto" bedeutet Licht. Pflanzen haben spezielle Hormone, mit deren Hilfe sie immer in Richtung Licht wachsen.

Nach drei Wochen sollte ein grüner Spross aus dem Loch in deiner fototropischen Schachtel lugen. Öffne die Schachtel und zeichne in dein Naturforscher-Handbuch, wie die Kartoffelpflanze gewachsen ist. Ist der Spross um die Hindernisse herumgewachsen, um ans Licht zu kommen?

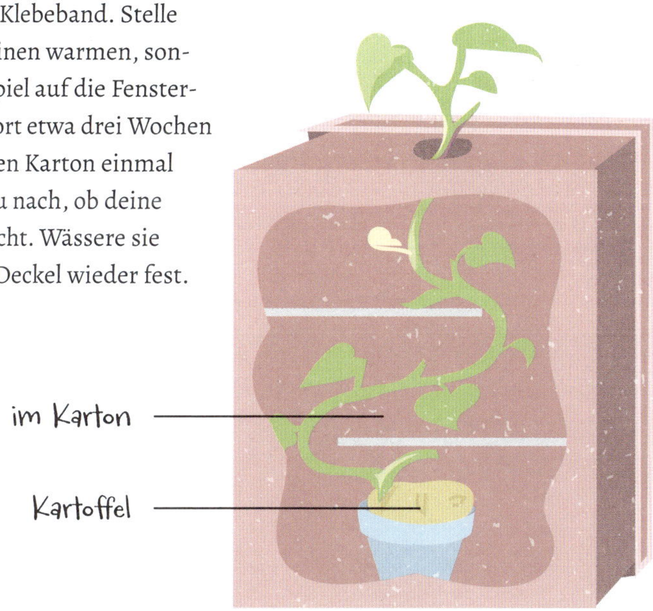

37

Hapa Zome

Hapa Zome ist die japanische Kunst, Blätter und Blumen so mit einem Hammer zu bearbeiten, dass ihr natürlicher Abdruck auf Stoff erscheint. Probiere es aus! Es ist ganz einfach und wirklich effektvoll, denn die Ergebnisse sehen sehr hübsch aus.

Das brauchst du:

- **hellen, einfarbigen Baumwollstoff**
- **grüne Laubblätter und Blumen**
- **Schere und Lineal/Maßband**
- **Holzbrett, Hammer, Kleber**

Geh nach draußen und sammele Blätter und Blumen. Sie sollten unterschiedlichste Farben und Formen haben. Weiße Blüten werden auf dem hellen Stoff keinen Abdruck hinterlassen. Nimm also lieber Blumen in kräftigen, dunkleren Farben. Die Blätter und Blüten müssen ganz frisch sein, pflücke sie also erst unmittelbar, bevor du mit deinem Kunstwerk startest. Mit satten, grünen Blättern und Blüten, die schön saftig sind, funktioniert es am allerbesten.

Bereite deinen Stoff vor. Wähle einen dünnen Stoff, zum Beispiel ein altes Bettlaken oder einen Bettbezug. (Frag aber vorher, ob du den Stoff wirklich nehmen darfst.) Schneide daraus Stücke mit den Seitenmaßen 10 x 15 cm aus.

Leg das erste Stoffstück auf das Holzbrett oder eine ähnlich feste Unterlage. Ordne deine Blätter und Blüten auf dem Stoff so an, wie es dir gefällt und wie du sie später gern „gedruckt“ sehen möchtest. Leg ein zweites Stoffstück darüber.

Jetzt geht der Spaß so richtig los! Schlage vorsichtig mit dem Hammer auf den Stoff. Wenn du keinen Hammer hast oder keinen benutzen darfst, tut es auch ein Nudelholz oder ein glatter Stein. Geh behutsam vor. Schlage nicht zu wild auf den Stoff ein. Sanfte Schläge sind völlig ausreichend.

Wenn du die Blüten und Blätter flach geklopft hast, löse das obere Stoffstück vorsichtig ab. Entferne dann die Pflanzenreste. Die beiden Stoffstücke sollten ihre Farben angenommen haben. Häng sie zum Trocknen auf.

Was lässt sich nun aus den verzierten Stoffen machen? Klebe den Stoff auf Fotokarton im DIN-A6-Format und überrasche deine Freunde und Freundinnen mit hübschen Postkarten!

38

Bau dir eine Blumenpresse

Wenn du Blumen und Kräuter möglichst lange in ihrer ganzen Pracht bewahren willst, dann trockne und presse sie. Mit gepressten Pflanzen kannst du auch hübsche Kunstwerke herstellen. Eine Blumenpresse baust du dir ganz einfach aus Materialien, die du eigentlich nicht mehr brauchst.

Das brauchst du:

Zeitungspapier

Wellpappe

2 gleich große Holzbretter

feste Spur oder 2 Gurte (z. B. Gepäckriemen, Fahrradspanner, Gürtel)

frisch gepflückte Blumen, Gräser, Kräuter und Blätter

Das Zeitungspapier dient dazu, die Feuchtigkeit der Pflanzen aufzusaugen. Leg immer drei in der Mitte gefaltete Seiten ineinander, sodass kleine „Mini-Zeitungen" entstehen. Sie sollten etwa so groß sein wie deine beiden Holzbrettchen.

Schneide nun mehrere Rechtecke aus Wellpappe in dem Format der Holzbrettchen zurecht. Die Hohlräume im Inneren der Wellpappe bewirken, dass zwischen den Lagen deiner Blumenpresse Luft hindurchströmen kann.

Leg ein Stück Wellpappe auf das erste Holzbrett und darauf eine Mini-Zeitung. Falte sie in der Mitte auf und leg eines deiner Blumenfundstücke

hinein. Falte die Zeitung zu, sodass deine Pflanze zwischen je drei Seiten Zeitungspapier liegt.

Leg das nächste Stück Wellpappe darauf und dann wieder eine Mini-Zeitung, in deren Mitte du eine weitere Pflanze legst. Wiederhole dies so lange, bis alle deine Funde in dem Stapel liegen.

Leg ein Stück Wellpappe oben drauf und zum Schluss das zweite Holzbrettchen.

Binde nun den Stapel straff mit den Gurten zusammen. Wenn du keine Gurte hast, kannst du ihn auch mit Schnüren zu einem festen Päckchen zusammenbinden. Jetzt musst du etwas Geduld haben, denn es dauert einige Tage, bis die Pflanzen komplett getrocknet und flach geworden sind. Dann kannst du sie vorsichtig entnehmen. Die Blumenpresse kannst du selbstverständlich wiederverwenden, um weitere Pflanzen zu pressen. Nimm dann aber neues Zeitungspapier.

Botaniker*innen, also Pflanzenforscher*innen, pressen gewöhnlich einzelne Exemplare der Pflanzen, die sie auf ihren Expeditionen rund um die Welt finden, und bewahren sie in speziellen Büchern auf, die man „Herbarien" nennt. Ein Herbarium gibt Auskunft darüber, welche Pflanzen in einer bestimmten Gegend vorkommen.

39

Blatt für Blatt ...

Die Blüten mancher Blumen sind recht einfach gebaut, andere sind sehr komplex. Sie bestehen aus vielen Reihen von Blütenblättern, die rund um die Blütenachse dicht angeordnet sind. Zerleg vorsichtig eine Blüte, um ein kleines Kunstwerk zu schaffen, und lerne dabei, wie die vielen unterschiedlichen Bestandteile einer Blume zusammengehören.

Pflücke möglichst unterschiedliche Blumen, zum Beispiel welche in deinem Garten oder Wildblumen vom Feld. Darunter sollten auch welche mit großen Blüten in leuchtenden Farben sein.

Blumen haben verschiedene Bestandteile. Kelchblätter sind die kleinen grünen Blättchen, die unterhalb der Blüte rund um den Stängel wachsen. Sie umschließen die Blütenknospe und schützen die Blüte so, bis sich die Knospe öffnet. Male einen Stängel auf ein Blatt Papier. Löse die Kelchblätter vorsichtig von der Blüte und klebe sie in einem Halbkreis rund um den Stängel auf das Blatt.

Blütenblätter – oder genauer: Kronblätter – sind normale Blätter, deren Form und Farbe sich verändert hat, damit die Blume auf Insekten anziehender wirkt. Zupfe sie vorsichtig ab und klebe sie halbkreisförmig über die Kelchblätter. Wenn die Blüte viele Kronblätter hat, klebe sie in mehreren Reihen übereinander.

Welche Bestandteile sind nun noch übrig? Im Inneren der Blüte befinden sich die Fortpflanzungsorgane einer Blume.

WUSSTEST DU SCHON?

Die größte Blüte der Welt hat die Riesenrafflesie, die im indonesischen Regenwald wächst. Die Blüte kann einen Durchmesser von bis zu einem Meter haben. Stelle dir mal vor, die auseinanderzunehmen!

Das brauchst du:

Blumen

mehrere große Bogen Papier

Kleber

eventuell Pinzette/Pinsel

Geduld!

Die meisten Blumen haben männliche Staubblätter und weibliche Fruchtblätter. Staubblätter sind fadenartige Gebilde, an deren Enden kleine Staubbeutel mit Pollen sitzen. In dem verdickten unteren Ende der Fruchtblätter (dem sogenannten Fruchtknoten) befindet sich die Samenanlage mit der Eizelle. Löse auch die Staub- und die Fruchtblätter vorsichtig ab und klebe sie in einer halbkreisförmigen äußeren Reihe auf das Papier.

Nimm verschiedene Blüten Blatt für Blatt auseinander und klebe sie auf. Vergleiche die Blüten miteinander.

Pflanzen, deren Pollen von Insekten fortgetragen werden, haben Blüten in leuchtenden Farben, die Bienen oder Schmetterlinge anziehen. Die Blüten, deren Pollen der Wind wegträgt (zum Beispiel von Bäumen und Gräsern), sind meist einfarbig grün oder braun, denn sie sind nicht auf den Besuch von Insekten angewiesen.

Die Staubblätter von insektenblütigen Pflanzen sind meist steif und fest mit dem Inneren der Blüte verbunden, damit die Insekten sie streifen, wenn sie in die Blüte krabbeln, und der Pollen an ihnen haften bleibt.

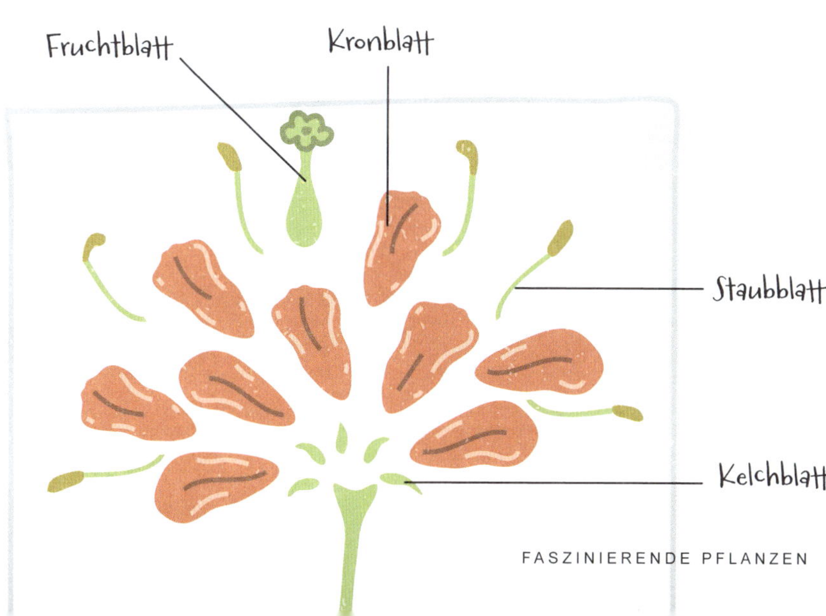

40

Lustiges Gemüse-Tier

Lass deiner Fantasie freien Lauf und erschaffe ein lustiges Gemüse-Tier. Nimm dazu am besten Gemüse oder Obst der Saison und überleg dir, wie das Tier aussehen könnte.

Heutzutage kannst du das ganze Jahr über Erdbeeren, Tomaten, Salat und andere Lebensmittel kaufen. Viele Obst- und Gemüsesorten wachsen bei uns aber nur zu bestimmten Jahreszeiten, man nennt das „Saison". Werden sie außerhalb der Saison im Supermarkt angeboten, kommen sie von weit her, weil sie in wärmeren Ländern oder in Gewächshäusern gezogen wurden. Das kostet viel Energie und ist sehr belastend für die Umwelt. Kaufe deswegen bevorzugt Obst und Gemüse der Saison und aus deiner Region, denn dann sind die Transportwege kurz. Noch besser ist natürlich Obst und Gemüse aus dem eigenen Garten!

Das brauchst du:

Obst und Gemüse

Zahnstocher

Frischkäse

Messer

Fantasie

Wenn du selber Obst und Gemüse in deinem Garten ziehst, frag am besten deine Eltern, ob du etwas für dein Projekt ernten darfst. Du kannst auch einen Bauern in deiner Gegend fragen oder einen Verkäufer auf dem Wochenmarkt. Vielleicht haben sie noch etwas übrig, das sie nicht mehr verkaufen können, und schenken es dir.

- Wenn du härtere Sorten wie Kartoffeln oder Möhren nimmst, hast du länger etwas von deinem Gemüse-Tier. Weiches Obst und Gemüse wie Trauben und Tomaten verdirbt schneller.

- Bau dein Gemüse-Tier. Mit den Zahnstochern kannst du die einzelnen Teile zusammenstecken und mit dem Frischkäse kleine Details wie Zähne oder Augen „ankleben“. Schneide oder schnitze die verschiedenen Körperteile zurecht. Sei dabei kreativ: Ob Hund, Katze, Stegosaurus oder Oktopus – der Fantasie sind keine Grenzen gesetzt!

- War es einfach, regionales, saisonales Obst und Gemüse zu finden? Mach ein Foto von deinem Gemüse-Tier und iss das Tier anschließend genüsslich auf – denn dafür sind Obst und Gemüse ja da! Die Früchte kannst du direkt in den Mund stecken. Aus den Gemüsestücken kannst du eine Suppe kochen. Lass dir dabei von einem Erwachsenen helfen.

- Einige Monate später kannst du das Projekt noch einmal durchführen: Welches Obst und Gemüse findest du jetzt? Und was lässt sich daraus machen? Die Lebensmittel, die du jetzt bekommst, wecken sicherlich ganz neue Ideen in dir.

Kleine Herausforderung gefällig? Versuche doch mal, das größtmögliche freistehende Gemüse-Tier zu bauen!

41

Wurzelwachsgucker

Wurzeln wachsen immer in Richtung der Erdanziehungskraft, ihre Hauptwurzeln bewegen sich also auf den Erdmittelpunkt zu. Man nennt das Gravitropismus oder auch Geotropismus. Bau dir aus einer alten CD-Hülle einen „Wurzelwachsgucker", um dieses spannende Phänomen zu beobachten.

Das brauchst du:

- **alte, transparente CD-Hülle**
- **Schüssel**
- **Pflanzerde und Wasser**
- **Bohne**
- **Klebeband**
- **Pipette** (z. B. von aufgebrauchten Nasentropfen)
- **wasserfesten Filzstift**

Nimm eine transparente CD-Hülle, die nicht mehr gebraucht wird, und entferne das Mittelteil (das „Tray"), das die CD gehalten hat.

Gib eine gute Handvoll Pflanzerde in die Schüssel und zerbrösele die Klümpchen mit den Fingern. Vermische die Erde mit etwas Wasser, sodass sie feucht, aber nicht nass ist.

Klappe die CD-Hülle auf und leg sie so vor dich hin, dass die Unterseite (in der das „Tray" war) unten ist und der aufgeklappte Deckel oben. Befülle die Unterseite etwa zur Hälfte mit Erde. Hier wird bald deine Bohne wachsen!

Drücke die Bohne in die Mitte der Erde und besprenkle sie mit Wasser. Mit Feuerbohnen oder Ackerbohnen funktioniert das Experiment am besten. Schließe nun den Deckel und stelle die CD-Hülle aufrecht hin, sodass sie auf dem breiten Rand mit dem Scharnier steht. Klebe die Ränder seitlich und unten mit Klebeband zu. Lass den Spalt, der oben zwischen dem Deckel und der Unterseite ist, offen. So bekommt deine Pflanze Luft und kann nach oben herauswachsen, wenn sie größer wird.

- Stelle die CD-Hülle an einen sonnigen Platz auf der Fensterbank. Befeuchte die Erde jeden Tag, indem du Wasser mit der Pipette durch den Spalt träufelst.

- Schau jeden Tag nach deinem Bohnensamen. Sobald der Samen zu wachsen beginnt, markiere außen auf der Hülle mit dem wasserfesten Filzstift, wie weit die Wurzeln und wie hoch der Spross schon gewachsen sind. Was passiert mit der Samenhülle, wenn deine Pflanze größer wird? Meist schrumpelt sie zusammen, da alle Nährstoffe, die sie enthalten hat, von der Pflanze beim Größerwerden aufgebraucht werden.

- Die Wurzeln werden nach unten wachsen. Wenn die Wurzeln etwa 5 cm lang sind, dreh die CD-Hülle um 90 Grad und beobachte, was in den nächsten Tagen passiert: Die Wurzeln werden sich umorientieren und fortan wieder nach unten wachsen – in Richtung der Erdanziehungskraft. Zeichne ein Bild deines Versuchsergebnisses in dein Naturforscher-Handbuch.

WUSSTEST DU SCHON?

Im Weltall gibt es kaum Schwerkraft, also Erdanziehung, dennoch können hier Pflanzen wachsen. Wissenschaftler*innen auf der internationalen Raumstation ISS ist es gelungen, Kresse zu ziehen.

42

Garten der Sinne

Ein Garten kann aus so viel mehr bestehen als nur Gras und Hecken. Es ist gar nicht so schwierig, Dinge darin wachsen zu lassen, die alle Sinne ansprechen. Leg einen Garten der Sinne an und teste deine Wahrnehmung!

Suche dir eine Ecke im Garten, in der du deine Pflanzen wachsen lassen darfst. Wenn du keinen Garten hast, geht auch ein großer Pflanzkübel oder ein Blumenkasten.

In diesem Experiment sollen Pflanzen alle deine Sinne auf verschiedene Weisen kitzeln. Suche nach Pflanzen, die du gerne anfassen, schmecken, hören, riechen und ansehen möchtest. Du kannst Samen und Pflanzen im Gartencenter oder Blumenladen kaufen, günstiger ist es aber, wenn du dir von Freunden Ableger ihrer Pflanzen geben lässt.

Pflanzen, die sich ungewöhnlich anfühlen, sind leicht zu finden. Blätter und Stängel haben die unterschiedlichsten Strukturen, von rau bis glatt, von samtig bis stachelig. Wähle eine Pflanze, die du gern anfassen möchtest, wie beispielsweise den Woll-Ziest auf dem Foto rechts, der auch Hasenohr genannt wird.

Das brauchst du:

Samen, Stecklinge, Pflanzen mit Wurzelballen, Blumenzwiebeln, Knollen, Stauden oder Ableger

Schaufel oder Pflanzkelle und Spaten

Wasser

Sonnenschein!

Kräuter sind sehr schmackhafte Pflanzen. Zieh Basilikum oder Schnittlauch aus Samen. Sie wachsen schnell und sind in vielen Rezepten eine willkommene Zutat. Du kannst auch Gemüse pflanzen, um deine Geschmacksnerven anzusprechen. Salate, Erbsen und Möhren lassen sich alle schnell und einfach ziehen.

Pflanzen, die Geräusche machen, sind nicht so leicht zu finden – aber es gibt sie! Hohe Gräser flüstern leise, wenn der Wind durch sie hindurchfährt. Auch Zuckermais und Bambus wachsen schnell sehr hoch. Hör gut hin, wie ihre Blätter im Wind rascheln.

Viele Pflanzen riechen sehr stark. Oft helfen Düfte dabei, Bestäuber anzulocken, während strenge Gerüche Fressfeinde abwehren sollen. Pflanze zum Beispiel duftenden Lavendel an oder Italienische Strohblume, die besonders bei heißem Wetter intensiv nach Curry riecht, oder die wunderbare Schokoladenblume, die wirklich wie Vollmilchschokolade riecht!

Nachdem du nun Pflanzen für deinen Tastsinn, Geschmackssinn, Hörsinn und Geruchssinn gepflanzt hast, ergänze deinen Garten der Sinne mit Blumen fürs Auge. Wie wäre es mit Sonnenblumen? Diese fröhlichen Riesen lassen sich leicht ansäen, wachsen schnell und sind großartig anzuschauen. Außerdem locken sie Vögel und Insekten an.

WUSSTEST DU SCHON?

Auf der indonesischen Insel Sumatra wächst eine der übel riechendsten Pflanzen der Welt: Die Titanenwurz (ein Foto findest du auf Seite 144) blüht nur alle paar Jahre für 24 Stunden – zum Glück, denn sie stinkt nach Aas. Für deinen Garten der Sinne ist sie also eher ungeeignet.

Notiere alles, was du anpflanzt, in deinem Naturforscher-Handbuch und schreibe dazu, wie der Garten deine Sinne erfreut. Kannst du die verschiedenen Pflanzen mit geschlossenen Augen auseinanderhalten?

43

Blumen färben

Pflanzen nehmen Wasser aus der Erde auf und transportieren es über die Wurzeln zu den Blättern, Blüten und Trieben. Den Wassertransport in der Pflanze kannst du mit dem folgenden Experiment beobachten, bei dem du weiße Blumen einfärbst. Achte darauf, was mit den Blütenblättern passiert!

Das brauchst du:

- kleine Vasen oder Gläser
- Wasser
- Lebensmittelfarbe
- weiße Schnittblumen
- scharfes Messer

Befülle die Vasen oder Gläser mit frischem Wasser.

Füge dem Wasser nun die Lebensmittelfarbe zu. Gib in jede Vase einige Tropfen einer anderen Farbe, sodass du Wasser in verschiedenen Farben erhältst. Künstliche Lebensmittelfarben aus der Tube funktionieren besser als natürliche Farbstoffe, und dunkle Farben wie Rot, Blau oder Grün färben intensiver als helle Farben wie Gelb oder Orange.

Schneide etwa 1 cm vom Ende der Stängel ab, bevor du in jede Vase eine weiße Blume stellst. Das Experiment funktioniert mit jeder beliebigen weißen Blume, aber mit Rosen,

Chrysanthemen, Tulpen oder Nelken (wie hier auf dem Foto) klappt es besonders gut.

Stelle die Vasen auf einen Tisch oder auf die Fensterbank und beobachte, was in den nächsten Stunden und Tagen passiert. Schnittblumen haben keine Wurzeln, also nehmen sie das Wasser über den Stängel auf. Der Stängel ist voll kleiner Röhren aus holzigem Gewebe, das Xylem genannt wird. Das Wasser fließt durch die Röhren bis hinauf zu den Blütenblättern.

Du siehst genau, wann das gefärbte Wasser die Blüten erreicht, denn dann werden die Blüten anfangen, ihre Farbe zu verändern. Das kann ziemlich schnell gehen. Chrysanthemen ändern ihre Farbe schon innerhalb einer halben Stunde.

Führe dein Experiment etwa eine Woche lang fort. Wechsle das gefärbte Wasser alle paar Tage. Kürze immer, wenn du es wechselst, den Stängel jeder Blume um etwa 1 cm. Der frische Anschnitt hilft dem Stängel, Wasser aufzunehmen. Fotografiere deine Ergebnisse. Wie farbenfroh sind deine Blumen geworden?

Experimentiere mit verschiedenen Blumen. Teste, was passiert, wenn du den Stängel einer Blume vorsichtig der Länge nach teilst und dann die beiden Hälften jeweils in Vasen mit unterschiedlich farbigem Wasser stellst. Du kannst auch versuchen, ein Salatblatt oder eine Stange Sellerie einzufärben.

44

Lass deinen Namen wachsen

Kresse-Samen sind leicht auszusäen und wachsen schnell. Die winzigen Samen beinhalten alles, was die Pflanze zum Keimen benötigt. Lass deinen Namen aus Kresse wachsen und iss das Ergebnis!

Du brauchst so viele Papier-Handtücher, wie Buchstaben in deinem Namen sind. Wenn dein Name zum Beispiel Helen ist, brauchst du also fünf Papier-Handtücher. Wenn du Max heißt, brauchst du nur drei. Leg die Papier-Handtücher nebeneinander auf dem Tablett aus. Wenn sie nicht ganz draufpassen, falte sie in der Mitte.

Das brauchst du:

- **Papier-Handtücher** (oder Küchenrolle)
- **Wasser**
- **Sprühflasche**
- **Stift und Schere**
- **großes Tablett**
- **Gartenkresse-Samen**

Schreibe auf jedes Papier-Handtuch ganz groß einen Buchstaben deines Namens. Besprühe die Tücher mit Wasser, damit sie feucht sind. Mach sie aber nicht zu nass, sonst zerfallen sie.

Streue nun vorsichtig und mit kleinen Abständen die Kresse-Samen auf die Tücher, immer entlang der Buchstabenlinien, die du gezeichnet hast. Drücke die Samen leicht an. Stelle das Tablett an einen sonnigen, warmen Ort, zum Beispiel auf die Fensterbank.

Besprühe die Saat regelmäßig mit Wasser aus der Sprühflasche. Die Tücher dürfen nicht austrocknen. Wenn es sehr warm ist, musst du deine Kresse-Samen möglicherweise zweimal am Tag wässern.

Die Saat sollte schon bald, also nach ein oder zwei Tagen, aufgehen. Nach etwa einer Woche sollten die Kresse-Keimlinge schon ziemlich hoch stehen. Stelle das Tablett auf den Boden und mach ein Foto von oben. Wie sieht dein Name aus?

WUSSTEST DU SCHON?

Auch die Samen der Gartenkresse sind essbar. Leicht gebacken oder in der Pfanne geröstet sind sie eine Delikatesse.

Jetzt kannst du die grünen Sprossen mit der Schere abschneiden und essen. Kresse steckt voll Vitamin C und Mineralien wie Eisen, Kalzium und Kalium. Sie hat einen milden, leicht scharfen Geschmack und macht sich prima auf Butter- oder Quarkbrot, in Salaten oder Suppen.

Wenn du deine Kresse-Sprossen bis zu einer Höhe von etwa 7 cm oder mehr wachsen lässt, sollten sie nachwachsen, nachdem du sie abgeschnitten hast. Dann wird dein Name immer wieder in seiner ganzen grünen Pracht erscheinen. Du kannst dann einige Male Sprossen ernten, bevor die Pflanzen beginnen, Blüten zu bilden.

45

Bring Bio-Abfälle zum Sprießen

Einige Pflanzen, die wir gern essen, haben so viel Kraft in sich, dass sogar Teile, die wir eigentlich wegwerfen, weiterwachsen. Manche lassen komplett neue Pflanzen sprießen, die du dann essen kannst! Probiere es mal auf deinem Fensterbrett aus.

Das brauchst du:

Teller oder Untertasse

frisches Wasser

Einmachglas

Essensabfälle
(z. B. Möhrenstücke mit Krautansatz, Lauchstücke mit Wurzelansatz, Strünke von Salat oder Sellerie, Kräuterstängel mit Blättern ...)

Von Wurzelgemüsen wie Möhren oder Rote Bete behältst du die oberen Stücke mit dem Krautansatz (wo also die Blätter aus der Wurzel herauswachsen). Stelle sie auf eine Untertasse oder einen Teller mit Wasser, um sie wachsen zu lassen. Schau jeden Tag nach und füge Wasser hinzu, wenn nötig. Nach einigen Tagen sollten kleine grüne Blätter aus den Ansätzen sprießen. Du kannst sie essen.

Pflanzen sind erstaunliche Lebewesen, denn die meisten können nachwachsen, wenn sie abgeschnitten wurden. Sie brauchen Luft, Wasser und Sonnenschein, um zu gedeihen – und nährstoffreiche Erde wie Mutterboden!

Die Blätter der Roten Bete haben einen milden Geschmack und machen sich gut in Salaten. Möhrenblätter können etwas bitter schmecken, das magst du vielleicht nicht so gern.

Von Lauchgewächsen brauchst du das untere Stück, aus dem die Wurzeln austreiben. Du kannst sowohl die unteren Enden einer Küchenzwiebel als auch die von Frühlingszwiebeln oder Lauch nehmen, das ist einerlei. Stelle sie mit dem Wurzelansatz nach unten in ein mit Wasser befülltes Einmachglas. Schau jeden Tag nach und tausche das alte Wasser gegen frisches aus. Schon bald wirst du neue Wurzeln aus der Zwiebel sprießen sehen und möglicherweise oben auch grüne Blätter. Die Blätter kannst du wie Schnittlauch essen.

Du kannst auch frische Blätter aus dem festen Inneren (dem „Herz") von Kohl, Salat und Sellerie wachsen lassen. Oft werfen wir diese Teile weg, weil sie hart sind. Aber wenn du sie auf eine Untertasse mit Wasser stellst und einige Tage wartest, sollten schon bald neue Wurzeln und grüne, essbare Blätter wachsen.

Versuche außerdem, aus Blättern und Blattabfällen etwas wachsen zu lassen. Kräuter mit Blättern wie Petersilie, Koriander und Brunnenkresse treiben oftmals neue Wurzeln, wenn du die Stängel in Wasser stellst. Du kannst sie dann in Erde einpflanzen und sie werden zu großen Pflanzen weiterwachsen.

46

Samen-Bomben

Willst du nicht nur im eigenen Garten oder auf dem Balkon für Artenvielfalt sorgen, dann gibt's hier die Lösung: Samen-Bomben! Die kannst du selbst herstellen und anschließend überall in der Umgebung verteilen.

Das brauchst du:

- **Wildblumen-Samen**
- **Pflanzerde**
- **Tonmehl** (alternativ: Bentonit)
- **Rührschüssel**
- **Wasser**

Führe dieses Experiment im Frühling oder Frühsommer durch, wenn die Erde weich ist und viel Regen fällt. Du brauchst dazu Wildblumensamen, zum Beispiel von Kornblumen, Kamille, Klatschmohn, Ringelblumen oder Sonnenblumen. Die kannst du entweder im Spätsommer oder Herbst des Vorjahrs selbst von ausgeblühten Wildblumen sammeln oder du kaufst fertige Mischungen im Gartenhandel.

Jetzt baust du deine Samen-Bomben! Gib eine Handvoll Samen, drei Handvoll Tonmehl und fünf Handvoll Pflanzerde in die Rührschüssel. Tonmehl gibt es ebenfalls im Gartenhandel.

Jetzt werden deine Hände schmutzig! Mische alle Zutaten in der Schüssel und gib immer wieder ein bisschen Wasser hinzu, bis du eine feste Masse erhältst, die gut zusammenklebt. Nimm kleine Klumpen und forme sie mit den Händen zu runden Bällen.

Leg die Bälle an einen warmen Ort, zum Beispiel auf die Fensterbank, und lass sie dort über Nacht trocknen.

Bombenstimmung in deiner Nachbarschaft! Denn jetzt „pflanzt" du deine Samen-Bomben, indem du sie in hohem Bogen dorthin wirfst, wo sie später aufblühen sollen. Am besten lässt du deine Bomben platzen, kurz bevor es regnet. Das Regenwasser wird deinen Samen beim Keimen helfen. Wie hoch oder wie weit kannst du werfen?

Jetzt musst du nur ein wenig Geduld haben, und schon bald kannst du überall in deiner Umgebung beobachten, wie es grünt und blüht. Mach regelmäßig Ausflüge zu deinen „Tatorten" und halte deine Erfolge im Naturforscher-Handbuch fest.

WUSSTEST DU SCHON?

Vögel lassen ihre ganz eigenen Samen-Bomben fallen, wenn sie Steinfrüchte oder Kernobst fressen und die darin enthaltenen Samen ein Weilchen später ausscheiden!

47

Superschnelle Samen

Samen keimen zu langsam, als dass man ihnen dabei zusehen könnte. Doch wenn du den Vorgang mit einer Kamera aufzeichnest und dann schneller abspielst, kommt Bewegung in die Sache. Dreh einen Film im Zeitraffer und sieh deinen Keimen dabei zu, wie sie förmlich in den Himmel schießen.

Das brauchst du:

- transparenten Plastikbecher
- Schere
- Pflanzerde
- Sonnenblumensamen
- Wasser
- Smartphone mit Kamera, Ladekabel und Zeitraffer-App
- kleines Smartphone-Stativ

Stich mit der Spitze der Schere einige Löcher in den Boden des Plastikbechers, damit überschüssiges Wasser abfließen kann. Befülle den Becher zur Hälfte mit Pflanzerde. Drücke dann einige Sonnenblumensamen in die Erde, und zwar so weit am Rand, dass sie durch das Plastik gut zu sehen sind. Bedecke sie etwa 1 cm mit Erde. Wässere die Erde ein wenig.

Werde zum Regisseur deines eigenen Zeitraffer-Films! Filme entstehen aus einzelnen, schnell aufeinanderfolgenden Bildern. Damit das Gehirn eine Bewegung wahrnimmt, müssen die Bilder in einer gewissen Geschwindigkeit wiedergegeben werden. Die meisten Filme werden mit 24 Bildern pro Sekunde abgespielt.

Auch Zeitraffer-Filme zeigen 24 Bilder pro Sekunde, allerdings werden die einzelnen Bilder mit größeren Zeitabständen aufgenommen. Ein Zeitraffer-Film wird also aufgenommen, indem du ein Bild machst, dann zum Beispiel fünf Minuten wartest, wieder ein Bild machst, wieder fünf Minuten wartest, ein Bild machst und so weiter.

Wenn dir der fertige Zeitrafferfilm gefällt, dreh doch noch einen von einer aufblühenden Blume!

Das ist ganz schön aufwendig! Zum Glück haben die meisten Smartphone-Kameras eine Zeitraffer-Funktion. So kannst du dein Smartphone aufstellen, die Funktion auswählen und ihm das Bildermachen überlassen.

Bau dein Experiment an einem hellen, warmen Ort auf, zum Beispiel auf der Fensterbank. Es ist sehr wichtig, dass die Kamera die ganze Zeit über ganz still steht und nicht bewegt wird. Deswegen ist es sinnvoll, das Smartphone auf ein kleines Stativ zu montieren. Da die Aufnahme mehrere Tage in Anspruch nehmen wird, verbinde es während der ganzen Zeit über das Aufladekabel mit dem Stromnetz.

Stelle den Becher mit den Samen so vor die Kamera, dass diese den Becher gut filmen kann. Wenn du alles eingerichtet hast, starte deine Aufnahme. Vergiss nicht, die Erde von Zeit zu Zeit zu wässern.

48

Lass einen Mini-Garten sprießen

Du hättest gern einen Garten, doch dir fehlt der nötige Platz dafür? Kein Problem: Leg einen Mini-Garten an und schau, welche Mini-Pflanzen du zum Wachsen bringst!

Das brauchst du:

- Papier und Stifte
- Pflanztablett oder flache Schale
- Pflanzerde
- Stöckchen und Kies
- Grassamen oder Moos
- Mini-Pflanzen
- Bastelsachen

Wenn Profi-Gärtner einen neuen Garten anlegen, fangen sie nicht einfach planlos an zu buddeln. Sie entwerfen den Garten erst einmal auf dem Papier. Überleg dir also, was für eine Art Garten du haben möchtest: einen Familiengarten mit Rasen und Terrasse oder etwas ganz anderes? Vielleicht möchtest du einen wilden Garten für Insekten anlegen oder einen prähistorischen Garten voller Dinosaurier? Plane auf dem Papier, wo was wachsen soll und was du noch in deinem Garten haben möchtest. Vergiss aber nicht, dass das alles im Kleinformat auf dein Pflanztablett passen muss!

Wenn deine Planung fertig ist, befülle das Pflanztablett bis zum Rand mit Pflanzerde. Befeuchte sie mit Wasser. Gestalte nun deinen Garten, wie du ihn geplant hast. Mit Kies kannst du Wege anlegen, aus Schraubdeckeln kleine Teiche machen, aus Zweigen Zäune oder Indianerzelte. Wenn du einen

Abenteuer-Garten haben möchtest, bau eine Mini-Hütte oder ein kleines Baumhaus.

Auch die Pflanzen müssen kleinformatig sein. Zieh Mini-„Bäume" aus Samen oder schneide von echten Bäumen Zweige ab, die du in die Erde in deinem Garten steckst. Stelle das obere Ende einer Möhre oder einer Pastinake in Wasser (siehe Seite 112/113). Nach einigen Tagen sind kleine „Büsche" gewachsen, die du in deinen Mini-Garten pflanzen kannst.

Für deinen Rasen säe Grassamen direkt in die Pflanzerde und lass sie wachsen. Wenn dir das nicht schnell genug geht, kannst du auch Moos sammeln und in die Erde drücken. Fertig ist dein Kunstrasen! Pflanze nun noch Blumen mit kleinen Blüten wie Gänseblümchen oder Vergissmeinnicht ein.

Wenn du deinen Garten noch ein bisschen lebendiger aussehen lassen möchtest, kannst du aus Ton oder Modelliermasse kleine Vögel und Insekten formen, sie anmalen und hineinsetzen. Vielleicht schwimmen Enten oder Fische im Mini-Teich? Fällt dir noch mehr ein?

Dein Mini-Garten lebt, vergiss also nicht, ihn regelmäßig zu gießen und von Zeit zu Zeit die Pflanzen etwas zurückzuschneiden.

49

Saatgut aus dem Vorratsschrank

Unsere Küchenregale und Vorratsschränke sind voll von getrockneten Saaten, die wir zum Kochen benutzen oder einfach so knabbern. Dabei vergisst man manchmal, dass sie eigentlich keimfähige Samen oder Früchte verschiedenster Pflanzen sind. Wühle dich durch eure Vorräte und säe einige Saaten, die du findest, aus. Welche wachsen am besten?

- Durchstöbere eure Vorräte und suche nach getrockneten Saaten, zum Beispiel nach getrockneten Hülsenfrüchten und Getreidesaaten.

- Schau mal, wie viele verschiedene Saaten du findest. Viele Tüten enthalten nur Saaten einer Sorte, zum Beispiel Kichererbsen, Popcorn-Mais, Linsen, Mungobohnen, Buchweizen und Gerste. Andere enthalten Mischungen, die man zum Beispiel auf Salate oder Müslis streuen kann.

Ernte, was du ziehst, und iss es auf. Erbsen sind köstlich, aber auch die Erbsen-Sprossen sind essbar und es dauert nur wenige Tage, bis du sie ernten kannst.

Das brauchst du:

Saaten aus dem Vorratsschrank
(z. B. Bohnen, Erbsen, Linsen, Mais, ganze Getreidekörner, Leinsamen, Sonnenblumenkerne, Kürbiskerne …)

Papier-Handtücher oder Küchenrolle

Tablett

Wasser

Blumentöpfe, Pflanzerde

Versichere dich durch die Packungsangaben, dass die getrockneten Hülsenfrüchte nicht „gespalten" sind. Gespaltene Linsen beispielsweise sind tatsächlich in Hälften zerfallen. Sie werden nicht keimen.

Die Saaten wurden getrocknet, um sie haltbar zu machen. Damit sie keimen können, müssen sie erst wieder gewässert werden. Leg einige Papier-Handtücher oder etwas Küchenrolle auf dem Tablett aus. Befeuchte die Tücher mit Wasser. Leg fünf bis sechs Saaten jeder Sorte, die du finden konntest, auf die feuchten Tücher und decke sie dann mit weiteren Papier-Handtüchern zu. Befeuchte auch diese Tücher und stelle das Tablett an einen warmen Ort.

Die verschiedenen Saaten werden unterschiedlich viel Zeit brauchen, um sich mit Wasser vollzusaugen und zu keimen. Schau also alle paar Tage nach und befeuchte die Tücher regelmäßig, denn die Saaten brauchen auch während des Keimens Wasser.

Wenn die Sprossen, also zarte Jungpflanzen mit ersten grünen Blättern, erscheinen, pflanze die Keimlinge in Blumentöpfe um. Befülle die Blumentöpfe zuvor mit Pflanzerde und leg die Keimlinge behutsam obendrauf. Gib dann noch eine dünne Schicht Erde darüber, aber achte darauf, dass die grünen Sprossen herausschauen. Wässere die Pflänzchen regelmäßig und protokolliere in deinem Naturforscher-Handbuch, welche Saaten erfolgreich aufgegangen sind. Bald wirst du eine Fensterbank voll essbarer Pflanzen haben.

50

Blätter-Rubbelei

Laubblätter gibt es in unzähligen Formen und Größen. Versuche, möglichst viele unterschiedliche Blätter zu finden, und gestalte einen Baum für zu Hause, indem du die Blätter in bunten Farben abpaust.

Sammele so viele unterschiedliche Laubblätter, wie du nur finden kannst. Welche Bäume gibt es in deinem Garten? Stehen im Park oder Wald in deiner Umgebung andere Bäume? Suche Blätter in allen Größen und Formen. Dieses Projekt solltest du im Frühling, Sommer oder Frühherbst durchführen, wenn die Blätter noch an den Bäumen hängen. Du kannst auch herabgefallene Blätter nehmen, achte dann allerdings darauf, dass sie noch frisch und fest sind.

Leg ein Blatt auf das Buch oder eine andere feste Unterlage. Stelle sicher, dass das Blatt mit der glatten Oberseite auf deiner Unterlage liegt und die geäderte Unterseite nach oben zeigt.

Bedecke das Laubblatt mit einem Bogen weißen Papiers und befestige ihn an den vier Ecken mit Kreppklebeband. Auf dieses Weise wird sich das Papier nicht bewegen, wenn du über das Laubblatt rubbelst, um es abzupausen.

Nimm nun einen Wachsmalstift oder einen weichen, nicht zu spitzen Buntstift und fahre damit immer wieder leicht über die Stelle, unter der das Blatt liegt. Halte den Stift am besten schräg.

WUSSTEST DU SCHON?

Die längsten Blätter der Welt hat eine Palme mit dem Namen* Raphia regalis. *Jedes Blatt kann bis zu 3 m breit und 25 m lang werden, allerdings hat jedes noch einmal etwa 180 einzelne Fliederblättchen.

Das brauchst du:

Laubblätter

großes Buch oder andere feste Unterlage

Papier

Kreppklebeband

Wachsmalstifte oder weiche Buntstifte

Klebegummi

Siehst du, wie sich der Blattumriss und die Adern abheben? Rubbele so lange mit deinem Stift über das Blatt, bis alle Details gut durchgepaust sind.

Nimm für die verschiedenen Blätter unterschiedliche Papiere und Farben und rubbele eines nach dem anderen ab. Schneide deine Blätter-Rubbeleien dann entlang der Blätterumrisse aus. Jetzt kommt der Baumstamm dran.

Geh hinaus und spüre, wie sich die Rinden verschiedener Bäume anfühlen. Suche dir einen Baum mit einer rauen, grob strukturierten Rinde aus.

Leg einen Bogen Papier auf die Rinde und rubbele sie vorsichtig ab. Wiederhole das mit mehreren Bögen Papier, damit du genügend Material für einen möglichst großen Rubbel-Baum erhältst.

Füge nun zu Hause deinen Baum zusammen: Suche dir eine kahle Wand oder eine Tür, die etwas Dekoration gebrauchen kann. Klebe zunächst den Stamm mit Klebegummi fest und dann deine bunten Rubbel-Blätter drumherum.

51

Wie hoch ist dein Baum?

Um die Höhe eines Baums zu messen, brauchst du keine lange Leiter und auch keinen Kran – nur ein bisschen Beweglichkeit. Klingt komisch, findest du? Dann lies mal weiter!

Suche dir einen Baum, den du messen möchtest. Stelle dich mit dem Rücken direkt an den Stamm und mach dann einige Schritte vorwärts. Stelle dich nun breitbeinig hin, beuge dich vor und schau kopfüber zwischen deinen Beinen hindurch auf den Baum. Kannst du den Wipfel, also die Spitze des Baums, sehen?

Das brauchst du:

Baum

Körper und Grips

Maßband

Wenn nicht, laufe so lange vor, bis du den Wipfel siehst. Markiere den Punkt, ab dem du die Baumspitze kopfüber durch die Beine siehst, indem du den Boden mit der Schuhspitze aufwühlst oder einen Stein oder Ast hinlegst. Miss dann mit dem Maßband die Strecke zwischen der Markierung und dem Baumstamm.

Der Baum ist so hoch wie die Strecke, die du gerade gemessen hast. War die Strecke zum Beispiel sechs Meter lang, ist der Baum sechs Meter hoch.

WUSSTEST DU SCHON?

Der genaue Standort des größten Baums der Welt, ein fast 116 Meter hoher Küstenmammutbaum, der „Hyperion" heißt, wird streng geheim gehalten, um ihn vor Anstürmen neugieriger Besucher zu schützen.

Diese Messmethode funktioniert mit angewandter Mathematik: Wenn du den Baumwipfel kopfüber zwischen deinen Beinen siehst, beträgt der Winkel zwischen deinem Standort und dem Wipfel ungefähr 45 Grad. Bäume wachsen meistens ganz gerade in die Höhe, also beträgt der Winkel zwischen Boden und Baumstamm 90 Grad.

Stelle dir nun ein Dreieck vor: Eine Seite ist die Länge des Baumstamms vom Boden bis zur Spitze, eine Seite ist die Strecke von der Baumspitze bis zu deiner Markierung auf dem Boden und die dritte Seite ist die Strecke von der Markierung bis zum Baumstamm, die du gemessen hast. Die Winkel in einem Dreieck ergeben zusammengerechnet immer 180 Grad, deswegen muss der dritte Winkel 45 Grad betragen. Es handelt sich also um ein rechtwinkliges, gleichschenkliges Dreieck: Bei einem gleichschenkligen Dreieck sind immer zwei Seiten gleich lang (wie zum Beispiel bei deinem Geodreieck). Das bedeutet, dass die Länge der Strecke, die du gemessen hast, genauso lang ist wie die Höhe des Baums.

Wie hoch ist der höchste Baum, den du finden kannst? Diese Messmethode funktioniert auch mit anderen großen Dingen wie Häusern, Masten oder Leuchttürmen – probiere es aus!

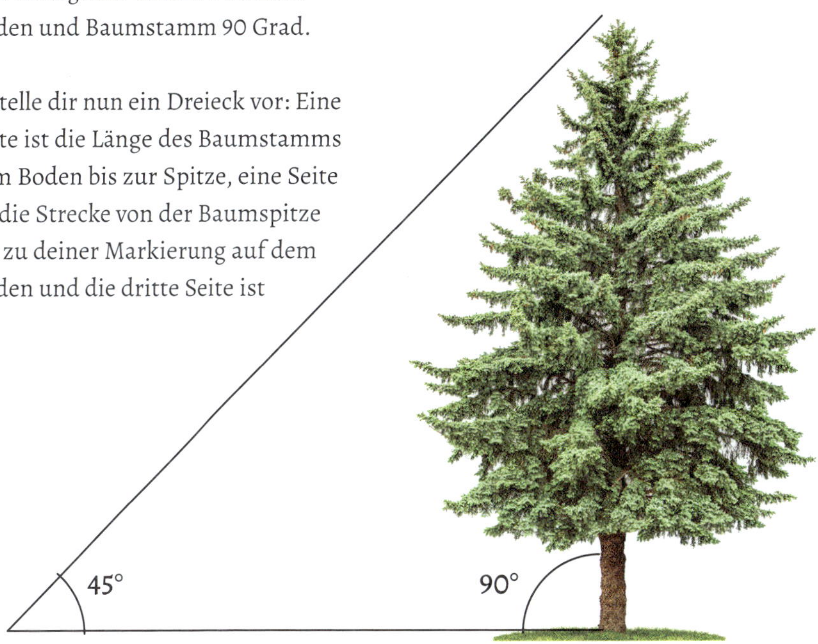

52

Züchte ein Grasmonster

Hast du dir nicht schon immer ein eigenes Monster gewünscht, das nur dir gehört? Das ist die Gelegenheit, deinen Wunsch wahr zu machen: Erschaffe ein kleines Monster und lass ihm „Haare“ wachsen. Je hässlicher, desto besser!

Das brauchst du:

- **alte Feinstrumpfhose**
- **Grassamen**
- **Sägemehl**
- **Gummiband**
- **Joghurtbecher**
- **Stifte, Farben, Tonpapier und Kleber**
- **Plastik-Wackelaugen** (wenn du welche hast)

Schneide einen Fuß von der Strumpfhose ab, sodass du ein kleines Söckchen erhältst. Streue zuerst Grassamen in die Sockenspitze. Fülle den Rest des Söckchens dann mit Sägemehl auf, bis es schön prall und rund ist. Das wird der Kopf des Monsters. Wie du weißt, sind Monster nicht so hübsch, es ist also gar nicht schlimm, wenn der Kopf eine etwas merkwürdige Form hat. Je bolleriger und beuliger, desto fürchterlicher wird dein Monster aussehen. Wichtig ist nur, dass der Kopfumfang größer ist als die Öffnung des Joghurtbechers. Schnüre das offene Ende mit dem Gummiband zusammen, damit dem Monster nicht das Gehirn herausrieselt.

Dekoriere nun den Joghurtbecher. Das wird der Körper des Monsters. Klebe deinem Monster Arme und Beine und,

Wenn jemand „mitten in der Pampa" lebt, dann ist sein Zuhause wohl ziemlich einsam – genauso wie die echte Pampa! Das ist nämlich eine riesige Grassteppe in Südamerika, in der es bis auf Gras so gut wie gar nichts gibt.

wenn du möchtest, auch einen Schwanz aus Papier an. Wie sieht sein Körper aus? Hat dein Monster Schuppen oder Flecken? Lass deiner Fantasie freien Lauf.

Befülle den Joghurtbecher mit Wasser und leg den Monsterkopf obendrauf. Das Gesicht kannst du nun vorsichtig mit Wackelaugen oder Zähnen und anderen Details bekleben, die du aus Tonpapier zurechtschneidest. Wie viele Augen hat dein Monster? Nur zwei? Manche Spinnen haben acht Augen. Dein Monster könnte noch viel mehr haben!

Stelle dein Monster an einen warmen, hellen Ort, zum Beispiel auf die Fensterbank. Fülle von Zeit zu Zeit das Wasser nach. Die Unterseite des Monsterkopfes sollte immer im Wasser hängen. Das Sägemehl saugt das Wasser auf, sodass die Grassamen oben keimen können.

Nach zwei bis drei Wochen sollte dein Monster bereits eine ordentliche Haarpracht aus Gras tragen. Wie wäre es, wenn du ihm eine lustige Frisur verpasst? Vielleicht steht ihm eine Punker-Frisur gut? Dazu lässt du nur das Gras in der Mitte lang und schneidest es links und rechts am Kopf kurz. Mach ein Foto und klebe es in dein Naturforscher-Handbuch.

53

Blätterskelette

Menschen haben ein Skelett aus Knochen. Pflanzenblätter haben „Skelette" aus hohlen Gefäßröhren. Entferne das fleischige Gewebe eines Blattes, um die verzweigten Adern sichtbar zu machen.

Das brauchst du:

Laubblätter

5 Tassen Wasser

1 Tasse Natriumkarbonat
(Waschsoda)

alten Topf

Pinzette

Wasser

Schüssel

Küchenrolle

Gummihandschuhe

kleinen, harten Pinsel

Suche einige Blätter. Das Experiment funktioniert gut mit dicken, wächsernen, glänzenden Blättern wie die der Magnolie, allerdings brauchen sie etwas länger, bis sie sich auflösen. Dünnere, feinere Blätter wie die von der Buche oder der Eiche gehen auch und sind schneller präpariert.

Bitte einen Erwachsenen, diesen ersten Teil des Experiments mit dir oder auch für dich durchzuführen. Gebt fünf Tassen Wasser und eine Tasse Natriumkarbonat in einen alten Kochtopf. Natriumkarbonat ist auch unter den Namen Waschsoda oder kohlensaures Natron bekannt. Es kann zu Hautirritationen führen, gebt also acht, dass ihr nicht damit in Kontakt kommt. Erhitzt die Mischung behutsam, bis sich das Natriumkarbonat-Pulver aufgelöst hat, und dreht die Temperatur dann runter.

Gebt nun mit der Pinzette die Blätter in den Kochtopf. Achtet darauf, dass sie ganz von der Flüssigkeit bedeckt sind. Lasst die Blätter etwa eine halbe Stunde lang in der Lösung köcheln, bis sie weich und biegsam sind. Wenn ihr mit dicken, wächsernen Blättern arbeitet, brauchen sie möglicherweise eine halbe Stunde länger, bis sie weich sind.

Stellt nun eine Schüssel mit reinem Wasser bereit. Holt mit der Pinzette die Blätter aus der Lösung und legt sie in die Schüssel. Lasst die Blätter etwa zehn Minuten im Wasser liegen. Das macht sie noch weicher und wäscht zudem das Natriumkarbonat herunter.

Holt die Blätter heraus und trocknet sie auf einem Stück Küchenrolle.

Ab jetzt kannst du allein arbeiten. Zieh die Gummihandschuhe an, um deine Haut zu schützen. Nimm den Pinsel, um das fleischige Gewebe behutsam zu entfernen und das Blattskelett freizulegen. Diese Arbeit verlangt großes Fingerspitzengefühl. Sollte sich das Gewebe nicht leicht entfernen lassen, leg das Blatt nochmals für etwa 30 Minuten ins Wasser und versuche es dann erneut.

Nach dem Trocknen kannst du das verästelte Netzwerk an Gefäßen sehen, mit dem Flüssigkeiten im Blatt transportiert werden. Klebe das Blattskelett vorsichtig in dein Naturforscher-Handbuch ein.

Manchmal findest du Blattskelette auch in der Natur, wenn Mikroorganismen das Gewebe zersetzt haben.

54

Samen-Schrauber

Im Herbst verteilen manche Bäume ihre Samen auf ungewöhnliche Weise: Die Samen haben kleine „Flügel“. Lösen sie sich vom Baum, kreiseln sie im Wind wie kleine Propeller. So verteilen sie sich über eine größtmögliche Fläche. Bastle aus Papier einen Samen-Schrauber und beobachte seinen Flug, um zu verstehen, wie sich die Samen in der Natur verbreiten.

Das brauchst du:

quadratischen Haft-Notizzettel
(Maße: 7,5 x 7,5 cm)

Lineal

Bleistift

Schere

Büroklammer

Leg den Haft-Notizzettel so vor dich, dass der Klebestreifen vor deinem Bauch liegt und in die Luft weist. Zieh mit dem Lineal eine Hilfslinie etwas oberhalb des Klebestreifens.

Schneide den Zettel oberhalb des Klebestreifens bis zur Hilfslinie zweimal ein, sodass du drei gleich große Streifen mit einer Breite von je 2,5 cm erhältst. Nimm dein Lineal zum Abmessen zur Hilfe.

Knick den mittleren Streifen um, sodass ein eckiges Y entsteht. Der Streifen klebt am Kleber der Haftnotiz fest.

Falte nun die beiden äußeren Streifen, und zwar den einen gerade nach vorn (er darf nicht am Kleber festkleben) und den anderen gerade nach hinten. Beide sollten frei wackeln, wenn du deinen Schrauber auf und ab bewegst. Das sind die „Rotorblätter“ des Samen-Schraubers.

Dein Schrauber braucht etwas Gewicht, befestige also eine Büroklammer unten am Mittelstreifen. Jetzt ist er fertig.

Stelle dich auf einen Stuhl. Halte den Arm hoch und lass den Samen-Schrauber los. Wie fliegt er? Wo landet er? Was passiert, wenn du die Position der Büroklammer änderst? Oder wenn du mehrere daran befestigst? Notiere deine Beobachtungen im Naturforscher-Handbuch.

Pflanzen haben die unterschiedlichsten Methoden, um sicherzustellen, dass ihre Samen so weit wie möglich verbreitet werden. Denn wenn sie zu nah bei der Eltern-Pflanze keimen, müssen beide um Licht, Wasser und Nährstoffe konkurrieren.

WUSSTEST DU SCHON?

Beim Herabfallen bilden sich über der oberen Kante des Samen-Propellers kleine Luftwirbel, wodurch der Samen einen Schub nach oben erhält – ein ähnlicher Effekt wie bei Kolibris, wenn sie mit den Flügeln schwirren, um in der Luft zu stehen.

Manche Samen werden von Tieren verteilt, andere mit dem Wind. Samen, die mit dem Wind davongetragen werden, verfügen über verschiedenste „Sonderausstattungen“: Manche haben federleichte Schirmchen, wie die Samen des Löwenzahns, und andere haben Flügel, wie die Samen des Ahornbaums. Diese Flügelsamen fliegen genauso wie dein Samen-Schrauber: Fallen sie herab, werden sie von Luftströmungen erfasst und mitgenommen. Die Flügel beginnen sich zu drehen und halten die Samen möglichst lange in der Luft.

55

Wie alt ist dein Baum?

Hast du dich schon einmal gefragt, wie alt die Bäume in deinem Garten oder deiner Umgebung sind? Natürlich weißt du schon, dass man die Jahresringe zählen und so das Alter feststellen kann, doch dazu muss man den Baum erst fällen. Mit den folgenden Methoden kannst du das Alter schätzen, ohne dabei den Baum zu zerstören. Probiere sie einfach mal aus!

Das brauchst du:

Maßband

Augen

Grips

Wenn ein Baum wächst, entwickelt er in verschiedenen Wachstumsphasen unterschiedliche Gewebestrukturen. Diese sind später als Jahresringe zu erkennen. Mit jedem Jahr (und jedem Jahresring) nimmt der Umfang des Baumstamms zu. Wenn du also den Umfang misst, kannst du das Alter des Baums schätzen.

Stelle dich vor den Baumstamm. Miss vom Boden 1,5 m nach oben und schlinge dein Maßband in dieser Höhe um den Baumstamm herum. Miss den Umfang und notiere das Ergebnis in deinem Naturforscher-Handbuch.

Bäume wachsen jedes Jahr unterschiedlich viel, abhängig etwa von der Wassermenge, die gefallen ist, und den Nährstoffen, die ein Baum aus dem Boden ziehen konnte. Der Stammumfang von Laubbäumen nimmt pro Jahr um ein bis zwei Zentimeter zu – wie viel genau, ist von Art zu Art unterschiedlich. Um das ungefähre Alter eines Baums zu bestimmen, multipliziere dein Messergebnis mit einem der folgenden Werte: 0,8 für Eichen und Linden, 0,7 für Eiben und Kastanien, 0,6 für Buchen, Ahornbäume und Ulmen, 0,4 für Eschen, Erlen, Pappeln und Robinien.

Wenn dein Baum ein Nadelbaum ist, kannst du sein Alter durch eine weitere Methode feststellen. Anders als Laubbäume wachsen viele Nadelbäume in einem symmetrischen Muster. Jedes Jahr wachsen neue Äste aus dem Stamm heraus. Wenn du also die Astabschnitte zählst, kannst du das Alter des Baums schätzen. Zähle aber nicht die kleinen Zweige, die in den Zwischenräumen aus dem Stamm wachsen – die gelten nicht.

Wie alt ist der älteste Baum, den du gefunden hast? Einer der ältesten bekannten Bäume der Welt ist über 4 850 Jahre alt. Es ist eine Langlebige Kiefer, die in den White Mountains in den USA steht und Methuselah genannt wird – nach Methusalem, dem uralten Mann in der Bibel.

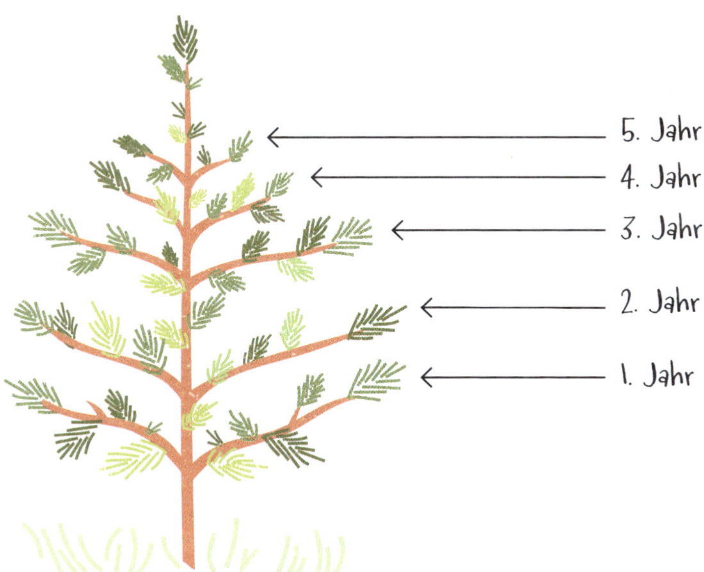

56

Wieso Blätter die Farbe wechseln

Im Herbst verfärben sich die Blätter der Laubbäume von Grün in leuchtendes Gelb, Orange und Rot. Dieser wunderbare Farbwechsel bringt uns jedes Jahr zum Staunen. Doch hast du dich je gefragt, wie er vor sich geht? Mit diesem einfachen Experiment kannst du es herausfinden.

Das brauchst du:

- **Laubblätter**
- **Schere und Löffel**
- **Einmachglas mit Schraubdeckel**
- **Ethanol** (aus der Apotheke)
- **Schüssel und heißes Wasser**
- **Kaffeefilter**
- **Klebeband**

Sammele eine Handvoll grüner Blätter. Sie sollten von einem Baum sein, der im Herbst sein Laub abwirft, zum Beispiel von einer Eiche oder einem Ahorn. Schneide die Blätter mit der Schere in kleine Schnipsel und gib sie in das Einmachglas. Du solltest im Freien oder in einem gut durchlüfteten Raum arbeiten, damit sich die Dämpfe des Ethanols schnell verflüchtigen. Gib gerade so viel Ethanol in das Glas, dass die Blätterschnipsel bedeckt sind. Dann „püriere" sie, indem du sie mit dem Löffel gegen die Glaswand reibst.

Dreh den Deckel auf das Einmachglas und stelle es in eine Schüssel mit heißem Leitungswasser. Lass es dort etwa eine Stunde lang stehen, nimm es aber alle zehn Minuten heraus und schwenke den Blätterbrei darin. Wenn das Wasser kühler wird, wechsle es gegen heißes aus. Kannst du schon feststellen, wie sich die Blätter verändern? Sie sollten nun anfangen, ihre Farbe zu wechseln.

Schneide aus dem Filterpapier einen schmalen Streifen heraus. Er sollte etwa 1 bis 2 cm breit sein und mindestens so lang, wie das Einmachglas hoch ist. Nimm das Glas aus der Schüssel und schraub den Deckel ab. Stelle den Papierstreifen in den Blätterbrei und befestige das obere Ende mit einem Stück Klebeband am Glasrand, damit er nicht hineinrutscht. Warte einige Stunden. Was siehst du?

Auf deinem Filterpapierstreifen solltest du mindestens zwei verschiedene farbige Streifen sehen, einen grünen und einen gelben oder orangefarbenen. Das zeigt dir an, welche Farbpigmente sich in den Blättern verstecken und nur darauf warten, im Herbst für dich zu leuchten.

Der grüne Blattfarbstoff wird Chlorophyll genannt, doch Pflanzen enthalten auch gelbe und rote Farbpigmente, die wir die meiste Zeit des Jahres nicht sehen, weil sie vom Grün überdeckt werden.

Wenn im Herbst die Tage kürzer werden, baut der Baum das Chlorophyll ab und das Grün in den Blättern verschwindet. Jetzt werden die anderen Farbpigmente sichtbar.

57

Schau Blättern beim Atmen zu!

Tiere sind nicht die einzigen Lebewesen, die atmen. Auch Pflanzen atmen. Genau wie wir Menschen „atmen“ sie ein Gas ein und ein anderes wieder aus. Diesen Vorgang kannst du mit diesem einfachen Experiment beobachten.

Das brauchst du:

- **große Glasschüssel oder andere Schüssel**
- **Wasser**
- **großes Blatt**
- **Schere**
- **Stein**
- **Lupe** (wenn du eine hast)

Befülle die Glasschüssel mit warmem Leitungswasser. Eine Glasschüssel ist für dieses Experiment einfach großartig, denn sie erlaubt dir, den Vorgang aus allen Richtungen zu beobachten, und vergrößert ihn außerdem ein wenig. Aber wenn du keine Glasschüssel hast, tut es auch jede andere.

Pflücke im Garten oder Park ein saftig-grünes Blatt, zum Beispiel von einem Baum oder Strauch. Wähle das größte Blatt, das du finden kannst, und pflücke es mitsamt des Stiels vorsichtig vom Zweig.

Leg das Blatt in die Schüssel mit dem Wasser und beschwere es mit einem Stein. Das Blatt muss komplett

WUSSTEST DU SCHON?

Pflanzen sind sehr wichtig für uns, denn sie produzieren den Sauerstoff, den wir zum Atmen brauchen, und nehmen dafür Kohlendioxid aus der Luft auf, das durch Ausatmung sowie die Verbrennung fossiler Brennstoffe wie Erdöl oder Kohle freigesetzt wird.

unter Wasser sein. Stelle die Schüssel an einen sonnigen Ort. Das kann draußen im Sonnenschein sein oder auf einer Fensterbank. Jetzt kommt der schwierige Teil: Du musst warten. Und zwar einige Stunden lang …

Sieh nach einer Weile wieder nach deinem Experiment. Solltest du eine Lupe haben, wirf einen scharfen Blick auf dein Blatt. Was siehst du?

Dein Blatt sollte mit winzigen Luftblasen überdeckt sein. Wenn du es mit dem Finger leicht anstupst, steigen die Bläschen an die Wasseroberfläche auf.

Wenn wir atmen, atmen wir ein Gas, das Sauerstoff heißt, ein und ein anderes Gas, das Kohlendioxid heißt, aus. Pflanzen sind anders. Sie nehmen Kohlendioxid und Wasser auf und wandeln beide mithilfe von Sonnenlicht in Zucker und Sauerstoff um. Dieser Prozess heißt Fotosynthese.

Wir benutzen zum Atmen unsere Lungen. Wenn Pflanzen „atmen“, benutzen sie unter anderem Poren in den Blättern, die Stomata. Die kleinen Blasen, die du auf deinem Blatt beobachten konntest, enthalten Sauerstoff, der aus den Poren in den Blättern ausgetreten ist.

58

Wie Pflanzen im All wachsen

Irgendwann in der Zukunft, wenn wir zum Mars und anderen weit entfernten Planeten fliegen werden, müssen wir unterwegs Lebensmittel anbauen. Weil Erde ein unnötiger Ballast ist, überlegen Wissenschaftler*innen, wie man auf sie verzichten kann. Eine mögliche Technik ist die Hydroponik oder Wasserkultur. Probier es aus und bau deine eigenen Raumfahrt-Pflanzen ohne Erde!

Das brauchst du:

- große Plastikflasche
- Schere, Schmirgelpapier und Bindfaden
- Wattebausche
- Wasser
- Bohnensamen
- Knetmasse
- Holzspieße

Dreh den Verschluss von der Flasche. Schneide die Flasche mit der Schere in der Mitte vorsichtig entzwei. Schleife die scharfen Kanten anschließend mit dem Schmirgelpapier ab. Dreh die obere Flaschenhälfte um und stecke sie kopfüber in die untere hinein. In die umgedrehte obere Flaschenhälfte wirst du nachher deine Samen pflanzen.

Befülle den Flaschenboden mit Wasser, indem du den umgedrehten Flaschenhals wie einen Trichter benutzt. Das Wasser sollte gerade bis zum Flaschenhals reichen.

Schneide fünf etwa 90 cm lange Bindfäden zurecht. Fädele die fünf Bindfadenenden durch den Flaschenhals, bis sie ein wenig im Wasser hängen. Den Rest der Bindfäden knüllst du zusammen. Leg das Knäuel so in die obere Flaschenhälfte, dass es nicht durch den Flaschenhals fällt.

Leg fünf bis sechs Wattebäusche auf das Bindfadenknäuel und streue dann eine Handvoll Bohnensamen auf die Watte.

Bastle aus drei Holzspießen und der Knetmasse eine Rankhilfe für deine Bohnen. Das ist ein bisschen friemelig. Forme zunächst aus der Knetmasse drei kleine Kugeln und leg sie in einem Dreieck vor dich hin. Stecke in jede Knetkugel einen Holzspieß. Binde die Holzspieße oben mit einem Stück Bindfaden zusammen. Deine Rankhilfe sollte nun wie ein Mini-Tipi aussehen. Stelle die Rankhilfe jetzt vorsichtig mit ihren Knetfüßchen auf die Watte in deinem Hydrokulturpflanzer. Nun setzt du alles an einen warmen, sonnigen Ort und beobachtest, was in den nächsten ein bis zwei Wochen passiert.

Das Wasser wird durch die Bindfäden nach oben zu den Wattebauschen transportiert. Nach einigen Tagen werden die Bohnensamen anfangen zu keimen. Die Wurzeln werden nach unten durch den Flaschenhals ins Wasser wachsen, während die Sprossen sich an den Rankhilfen entlang nach oben hangeln.

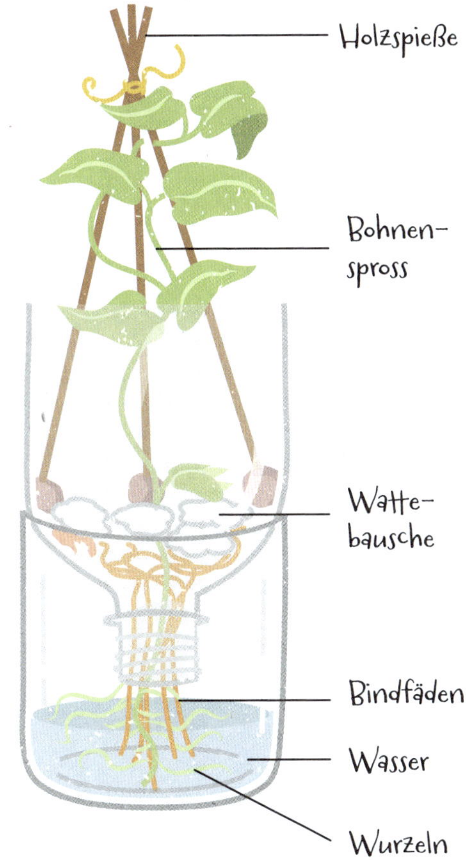

Nach einer Weile werden deine Bohnenpflanzen zusätzliche Nährstoffe brauchen. Man kann Nährlösungen für Hydrokulturen im Internet kaufen, es geht aber auch Wasser aus einem Fischteich oder einem Aquarium.

59

Mini-Gewächshaus

In Gewächshäusern gedeihen Pflanzen sehr gut. Doch welchen Unterschied machen sie tatsächlich? Bau aus alten CD-Hüllen ein Mini-Gewächshaus und untersuche, wie sich die Temperatur auf das Pflanzenwachstum auswirkt.

Das brauchst du:

- 3 alte transparente CD-Hüllen
- transparentes Klebeband
- Paprikasamen
- 2 kleine Blumentöpfe
- Pflanzerde
- Thermometer und Lineal

Öffne die drei CD-Hüllen und entnimm die Mittelteile, die die CDs gehalten haben (die „Trays"). Gib sie in den Plastikmüll, damit sie recycelt werden. Zwei der Hüllen werden die Seitenwände deines Gewächshauses bilden. Öffne sie in einem 90°-Winkel und stelle sie so aneinander, dass eine würfelförmige Box entsteht. Klebe sie mit dem Klebeband zusammen. Deine Box hat jetzt zwar vier Seitenwände, aber kein Dach.

Mit der dritten Hülle baust du das Dach, außerdem wird eine Seitenwand deines Mini-Gewächshauses verstärkt. Öffne die dritte CD-Hülle. Klebe den flachen Deckel mit Klebeband an eine Seitenwand – und zwar so, dass sich die andere Seite nach oben auf- und zuklappen lässt. Du hast nun ein aufklappbares Dach. Gärtner lassen von Zeit zu Zeit etwas Luft in ihr Gewächshaus. Mit dem klappbaren Dach kannst du das auch tun.

Das Gewächshaus ist jetzt fertig. Befülle nun die beiden Blumentöpfe mit Erde. Gib in beide jeweils einige Paprikasamen und bedecke sie mit einer dünnen Schicht Pflanzerde. Gieße etwas Wasser drüber, sodass die Erde feucht, aber nicht zu nass ist. Stelle nun beide Töpfe auf die Fensterbank, stülpe aber über einen Topf dein Gewächshaus.

Beobachte, was in den nächsten ein bis zwei Wochen passiert. Die Paprikasamen werden anfangen zu keimen. Gieße sie von Zeit zu Zeit, wenn die Erde trocken wird. Welche Samen keimen als Erste? Sobald die ersten Sprösslinge zu sehen sind, miss nach, wie schnell sie wachsen. Miss zweimal pro Woche mit dem Lineal ihre Höhe und mit dem Thermometer die Temperatur im Gewächshaus und außerhalb. Notiere deine Beobachtungen in deinem Naturforscher-Handbuch.

In Gewächshäusern ist es selbst im Winter so warm, dass die Pflanzen gut gedeihen können. Die transparenten Gewächshauswände halten die Wärme der Sonne im Haus zurück. Deswegen ist es im Gewächshaus bis zu 10 °C wärmer als draußen.

60

Ökosystem im Glas

Pflanzen brauchen das Kohlendioxid, das wir ausatmen, und wandeln es in Sauerstoff um, den wir einatmen. Mit diesem Experiment veranschaulichst du, wie dieser ökologische Kreislauf funktioniert, der für uns alle so lebenswichtig ist. Bau ein Mini-Ökosystem im Glas und schau, wie lange du es am Leben erhalten kannst.

Das brauchst du:

- großes Einmach- oder Dekoglas mit Deckel
- Kieselsteine und Holzkohle
- Mutterboden und Komposterde
- verschiedene Pflanzen
- Löffel
- Wasser

Ökosysteme sind fein aufeinander abgestimmte Lebensgemeinschaften von Pflanzen, Tieren und anderen Lebensformen, in denen jeder seinen Platz und seine Aufgabe hat. Dein Garten ist beispielsweise so ein Ökosystem, denn hier leben Pflanzen, Tiere, Pilze und Mikroorganismen zusammen. Sie sind über die Nahrungskette und den Gas- und Wasserkreislauf miteinander verbunden und voneinander abhängig.

Für dein Ökosystem im Glas gibst du zuerst eine Schicht Kieselsteine in das Glas. Hier kann sich überschüssiges Wasser sammeln, sodass die Pflanzen nicht ertrinken.

Streue etwas Holzkohle über die Kieselsteine. Holzkohle kannst du im Supermarkt kaufen oder du nimmst welche aus einem abgebrannten Lagerfeuer, eurem Grill oder Kamin. Die Holzkohle ist wichtig, denn sie funktioniert wie ein Filter. Sie sammelt Schadstoffe und hält so dein Ökosystem gesund.

Mische in einem Verhältnis von 1 zu 1 den Mutterboden aus deinem Garten mit der Komposterde. Gib eine dicke Schicht der gemischten Erde in dein Glas. Komposterde enthält viele Nährstoffe, die deinen Pflanzen beim Wachsen helfen. Im Mutterboden leben wichtige Mikroorganismen wie Bakterien. Zusammen sollten die Kiesel, die Kohle und die Erde etwa das untere Drittel deines Glases füllen.

Grabe mit dem Löffel Vertiefungen in die Erde. Setze nun einige kleine Pflanzen ein. Wichtig ist, dass sie alle etwa die gleiche Wassermenge benötigen. Ein Gänseblümchen und ein Kaktus werden zum Beispiel nicht gut miteinander auskommen. Die Pflanzen sollten ausreichend Platz haben, um weiterwachsen zu können.

Wenn du willst, kannst du dein Mini-Ökosystem noch dekorieren, zum Beispiel mit schönen Steinen. Leg zum Schluss den Deckel auf das Glas und stelle es an einen lichten Ort.

Eigentlich versorgt sich dein Ökosystem nun ganz allein und benötigt weder zusätzliches Wasser noch Luft. Doch in den ersten Tagen braucht es möglicherweise noch etwas Starthilfe. Sollte die Erde trocken wirken, gieße etwas Wasser ins Glas. Sollten sich am Glas immerzu kleine Wassertropfen bilden, öffne es, um Luft hineinzulassen.

Mach ein Foto von deinem Ökosystem und klebe es in dein Naturforscher-Handbuch. Notiere, wie lange die Pflanzen darin wachsen und gedeihen, bevor sie eingehen.

SCHLAUE PFLANZEN

Manche Leute sprechen mit ihren Pflanzen, weil sie meinen, das würde ihnen beim Wachsen helfen. Aber wusstest du, dass Pflanzen richtig gut darin sind, untereinander und mit anderen Lebewesen zu kommunizieren? Sie haben zwar keinen Mund, um zu sprechen, und keine Ohren zum Hören, doch Pflanzen senden unablässig Signale aus und erhalten selbst Informationen.

★ Wenn eine Pflanze die Aufmerksamkeit eines bestäubenden Insekts auf sich ziehen möchte, kann sie beispielsweise chemische Stoffe aussenden. Auf der Insel Sumatra wächst zum Beispiel die Titanenwurz (Foto unten). Sie sondert Dimethyltrisulfid ab, einen chemischen Stoff, der wie verwesendes Fleisch riecht. Fleischfressende Insekten finden diesen Geruch einfach unwiderstehlich, und deswegen besuchen sie die Titanenwurz, nehmen ihren Blütenstaub auf und tragen ihn zur nächsten Pflanze, wo dies zur Bestäubung führt. Die Titanenwurz ist zwar keine große Rednerin, doch auf ihre Weise kommuniziert sie mit verschiedensten Lebewesen.

Pflanzen können auch untereinander kommunizieren. Wenn beispielsweise Bohnenpflanzen von blattfressenden Insekten besetzt werden, senden sie über die Luft eine Chemikalie zu ihren Nachbarpflanzen, um sie vor dem drohenden Angriff zu warnen. Diese senden wiederum verschiedene Chemikalien aus, die blattfressende Insekten abstoßend, insektenfressende Wespen hingegen sehr anziehend finden.

Doch die Pflanzenkommunikation verläuft nicht nur durch die Luft, sondern auch unterirdisch. Wenn eine Pflanze kein Wasser mehr hat, sendet sie über ihre Wurzeln eine Botschaft an die benachbarten Pflanzen. Ihre Nachbarn „antworten", indem sie winzige Poren auf ihren Blättern, die Stomata, schließen. Normalerweise geben sie über diese Poren Wasser und Sauerstoff an ihre Umgebung ab (Transpiration). Indem sie sie nun schließen, können sie das gespeicherte Wasser zurückhalten und sich so auf die bevorstehende Trockenheit vorbereiten.

Je besser Wissenschaftler*innen Pflanzen erforschen, desto mehr finden sie über ihr komplexes soziales Leben heraus. Manche Bäume verbinden sich über ihre Wurzeln mit ihren „Kindern", also Sprösslingen, die aus ihrer Frucht gewachsen sind, und können sie so mit Zuckern versorgen, die den Kleinen beim Wachsen helfen. Für die unterirdische Kommunikation sind auch Pilze wichtig. Ihre Pilzfäden verweben sich mit Wurzeln verschiedener Bäume und sorgen so für weitere Verknüpfungen.

Pflanzen können sogar zählen! Die Venusfliegenfalle (Foto oben) ergreift Insekten mit ihren Fangblättern. Diese haben spezielle Fühlborsten, die ein Beuteinsekt erspüren, jedoch nur dann zuschnappen, wenn das Insekt sie zweimal innerhalb von 20 Sekunden berührt. Und erst, wenn das Insekt sich dann wiederum dreimal bewegt, beginnt die Pflanze Verdauungssäfte zu produzieren, um ihre Beute zu zersetzen. Die Venusfliegenfalle ist also doppelt schlau, denn sie kann sowohl die Zeit messen als auch Berührungen zählen.

4

EXPERIMENTIER-KÜCHE

Draußen im Garten und in der Natur ist es einfach großartig – meistens jedenfalls. Wenn es regnet, stürmt oder ungemütlich kalt ist, musst du nicht auf die Gartenfreuden verzichten. Du kannst auch drinnen Experimente durchführen, und zwar in deiner Experimentier-Küche! Angeregt von der wunderbaren Natur kannst du im Spülbecken deiner Küche kreative und innovative Versuche ausprobieren. Wer sagt, dass du immer das Haus verlassen musst, um die Natur zu erforschen?

EXPERIMENTIER-KÜCHE

Die Ideen zu den Experimenten in diesem Kapitel entspringen alle dem Garten und der umgebenden Natur. In jedem wirst du natürliche Dinge wie Kartoffeln, Zweige oder Lavendelblüten benutzen, die du entweder in deinem Garten findest oder selbst ziehen kannst. Einige eher exotische Dinge wie Avocados oder Zitronen kannst du im Supermarkt kaufen oder aus der Obstschale stibitzen.

Die Experimente führst du am besten in der Küche durch. Klar ist, dass du nach jedem Experiment die Küche wieder aufräumen und manchmal auch Sachen abwaschen musst. Aber vielleicht helfen dir ja Eltern, Freunde oder Geschwister dabei!

Die Experimente in diesem Kapitel sind kreativ und vielseitig zugleich. Du wirst viele „-ometer" bauen, zum Beispiel ein

Barometer, um das Wetter vorherzusagen, ein Thermometer, um die Temperatur zu messen und ein Anemometer, mit dem du die Windgeschwindigkeit feststellen kannst. Danach kann sich der Deutsche Wetterdienst warm anziehen, denn du wirst eine ernst zu nehmende Konkurrenz für die Meteorologen sein!

Geh noch einen Schritt weiter und mach dein Wetter selber! Es gibt ein wirklich großartiges Experiment, in dem du eine Wolke in einem Einmachglas entstehen lässt, und ein anderes, mit dem du in einer Wasserflasche einen Tornado erzeugst. Das Beste dabei ist: Du wirst nicht einmal nass und lernst obendrein, wie das Wetter funktioniert.

Es gibt noch viele andere lustige Experimente, die du ausprobieren solltest. Mach täuschend echte „Fossilien“ mit Schneckenhäuschen, Tannenzapfen und Blättern. Bau dir einen Wasserkescher für die nächste Teich-Expedition, die startet, sobald das Wetter wieder schöner ist.

Du kannst im wahrsten Sinne des Wortes deine Haus- oder Gartenmauer „beleben“, indem du eine lebende, atmende Farbe auf Moosbasis anrührst. Öko-Graffiti, wie sich diese Technik nennt, ist ungiftig und umweltfreundlich – und die Ergebnisse sehen einfach fantastisch aus!

Schließlich und endlich sorgen einige Experimente auch noch für dein Wohlbefinden: Du wirst mit Kastanien-Seife waschen, mit selbst gemachten Badebomben baden und bei herrlichem Duft aus Lavendel-Säckchen entspannen. Worauf wartest du noch? Schwing den Kochlöffel in deiner Experimentier-Küche!

61

Schleimige Kartoffeln

Kartoffeln mögen auf den ersten Blick langweilig erscheinen, und doch stecken sie voller Überraschungen! In diesem Experiment erfährst du, wie du Kartoffeln in Schleim und Knetmasse verwandelst.

- Wasche drei bis vier Kartoffeln gründlich und schäle sie. Schneide sie mit dem Messer so klein wie möglich und leg die Stückchen in eine Schüssel. Gieße heißes Wasser darüber, bis sie ganz bedeckt sind, und rühre alles mit dem Holzlöffel fünf Minuten lang um. Mach keine Pause, das Wasser muss immer in Bewegung sein. Lass dir dabei von einem Erwachsenen helfen. Vermutlich wird das Wasser seine Farbe ändern, das ist ganz normal.

- Stelle die zweite Schüssel in der Spüle bereit und leg das Sieb hinein. Schütte nun die Kartoffel-Wassermischung in das Sieb und fang das Wasser in der zweiten Schüssel auf. Die Kartoffelstückchen brauchst du für das Experiment nicht mehr, aber sie wegzuwerfen wäre

wirklich ein Jammer. Koche anschließend etwas Leckeres daraus – Kartoffelsuppe und Kartoffelbrei schmecken immer!

Warte ein Weilchen, bis sich dein abgeseihtes Kartoffelwasser ein wenig in der Schüssel gesetzt hat. Lass es mindestens eine Viertelstunde lang ungestört stehen. Was siehst du? Die Mischung sollte anfangen, sich zu trennen.

Gieße die obere Schicht vorsichtig ab, behalte nur die dickflüssige Masse zurück. Das ist dein Schleim, doch noch ist er ein wenig schmutzig. Deswegen muss er gereinigt werden.

Das brauchst du:

- Kartoffeln
- 2 große Schüsseln
- Sparschäler und Messer
- heißes Wasser
- Holzlöffel
- großes Sieb
- Marmeladen-/Einmachglas mit Schraubdeckel

Kartoffelschleim ist nicht fest, aber flüssig ist er auch nicht. Er ist etwas, das „Nichtnewtonsche Flüssigkeit" genannt wird. Nichtnewtonsche Flüssigkeiten sind wirklich merkwürdig. Sie werden unter Krafteinwirkung fest, und wenn man sie kaum oder gar nicht bewegt, werden sie wieder flüssig.

Mische den Schleim mit kaltem, klarem Wasser und gib die Mischung in das Einmachglas. Dreh den Deckel fest auf und schüttel das Ganze so kräftig du kannst. Lass es dann zehn Minuten lang ruhen. Es wird sich wieder eine weiße Schicht am Boden absetzen. Gieße die obere Schicht Flüssigkeit jetzt ganz schnell ab und tadaaa: Dein selbst gemachter Kartoffelschleim ist fertig!

Hole den Schleim aus dem Glas und knete ihn. Je mehr du ihn knetest, desto teigiger sollte er werden. Versuche mal, mit der Faust darauf zu schlagen. Die Masse sollte ihre Form behalten. Aber was passiert, wenn du aufhörst zu kneten? Die halbfeste Knetmasse „schmilzt" langsam. Sie wird in deinen Händen zu Schleim und flutscht zwischen deinen Fingern durch. Herrlich eklig, nicht?

62

pH-Papier aus Rotkohl

Rotkohl ist nicht nur unglaublich gesund, sondern enthält zudem einen natürlichen pH-Indikator, der seine Farbe abhängig von der ihn umgebenden Säure verändert. Mach dein eigenes pH-Papier und teste damit den pH-Gehalt einiger Flüssigkeiten in deinem Haushalt.

Das brauchst du:

- halben Kopf Rotkohl
- scharfes Messer und Schere
- kochendes Wasser
- hitzebeständige Schüssel
- Einmachglas
- Sieb
- Kaffeefilter
- verschiedene Flüssigkeiten, zum Beispiel Essig, Zitronensaft, flüssiges Waschmittel

Hacke den Rotkohl mit dem Messer in winzig kleine Stücke. Gib sie in die Schüssel und übergieße sie mit kochendem Wasser. Lass dir dabei von einem Erwachsenen helfen. Nun muss die Mischung 15 Minuten lang stehen. Das Wasser müsste dann allmählich seine Farbe verändern, weil sich die dunkelroten Farbpigmente aus dem Rotkohl lösen.

Stelle ein großes Einmachglas in die Spüle und leg das Sieb obendrauf. Gib das Kohlwasser in das Sieb und fang die rotviolette Flüssigkeit auf. Das ist dein pH-Indikator! Die Kohlblätter brauchst du nicht mehr. Kocht etwas Leckeres daraus!

Sicherlich weißt du noch, dass der pH-Wert auf einer Skala von 1 bis 14 gemessen wird (sonst schau noch einmal

auf Seite 72/73 nach). Flüssigkeiten mit einem pH-Wert unter 7 sind sauer. Flüssigkeiten mit einem pH-Wert über 7 sind basisch bzw. alkalisch. Dein pH-Indikator hat einen neutralen pH-Wert von etwa 7. Welchen er genau hat, hängt vom pH-Wert des Wassers ab, das du benutzt hast.

Bereite nun dein pH-Papier vor. Schneide aus dem Kaffeefilter Streifen, die etwa 5 cm lang und 1 cm breit sind. Gib sie in deine pH-Indikator-Flüssigkeit (also dein Rotkohlwasser) und lass sie einweichen. Dazu sollten die Papierstreifen ganz von der Flüssigkeit bedeckt sein.

Nimm die Papierstreifen nach etwa einer Stunde aus der Flüssigkeit heraus und lass sie trocknen. Lass die Streifen vorher gut abtropfen, denn Tropfen können aufgrund der Farbe rote Flecken hinterlassen.

Jetzt geht's ans Testen! Suche Flüssigkeiten zusammen, die du testen möchtest. Essig, Zitronensaft und flüssiges Waschmittel werden zum Beispiel ein klares Testergebnis liefern. Gib jeweils einen Tropfen davon auf einen pH-Papierstreifen. Wenn das Papier nun blau, grün oder gelb wird, ist die Test-Flüssigkeit basisch. Wird das Papier dunkelrot oder violett, ist deine Test-Flüssigkeit sauer. Lass die Teststreifen trocknen, klebe sie in dein Naturforscher-Handbuch und notiere, was du jeweils damit getestet hast.

Gelingt es dir, den pH-Wert deiner Test-Flüssigkeiten festzustellen? Vergleiche die Farben auf dem pH-Papier mit der unten abgebildeten Farbskala.

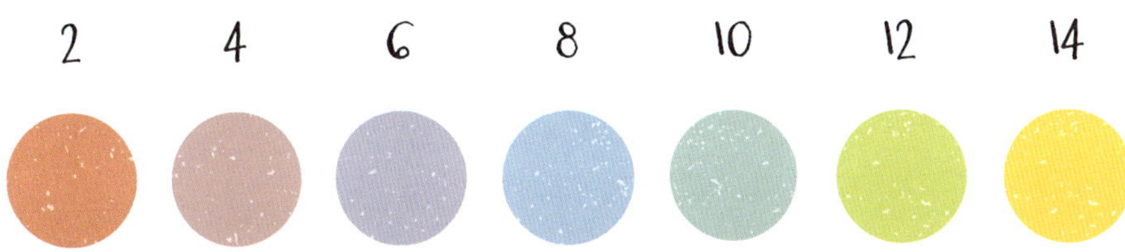

63

Färben mit Avocado

In Küche und Garten findest du viele Pflanzen, Früchte und andere Materialien, die natürliche Farbstoffe enthalten. In diesem Experiment färbst du mithilfe von Avocadokernen. Danach kannst du weiterforschen und testen, was noch alles färbt.

Das brauchst du:

- 4 Avocadokerne
- Plastiktüte
- Brotschneidebrett
- Hammer
- alten Kochtopf, Wasser
- Sieb, Holzlöffel, Schüssel
- altes T-Shirt, alten Kopfkissenbezug oder Leinenbeutel
- Bügeleisen

Stecke die Avocadokerne in die Plastiktüte und leg sie auf das Brotschneidebrett. Nimm den Hammer und klopfe behutsam auf die Kerne. Die Kerne sollten in Hälften zerspringen, danach kannst du sie leicht in kleine Stücke klopfen. Lass dir gegebenenfalls von einem Erwachsenen helfen. Die Tüte ist zu deinem Schutz gedacht, damit keine Splitter quer durch die Luft fliegen.

Gib die Avocadokernstückchen in einen alten Kochtopf und gieße einen Liter Wasser dazu. Bitte einen Erwachsenen, die Mischung für dich zum Kochen zu bringen. Reduziere dann die Hitze und lass das Ganze etwa eine Stunde lang leise köcheln. Auf diese Weise wird die Farbe an das Wasser abgegeben und gleichzeitig die Färbeflüssigkeit

konzentriert. Pass aber auf, dass nicht die ganze Flüssigkeit verkocht. Bevor das passiert, gib wieder etwas Wasser in den Topf. Seihe die Mischung nach einer Stunde durch das Sieb ab und gib die in einer Schüssel aufgefangene Flüssigkeit wieder zurück in den Kochtopf.

Bereite nun deinen Stoff vor. Mit weißem Baumwollstoff klappt es am besten, es eignet sich also ein weißes T-Shirt, ein alter Kopfkissenbezug oder ein Leinenbeutel. Feuchte den Stoff an, wring ihn aus und gib ihn dann in den Kochtopf. Der Stoff sollte komplett von der Färbeflüssigkeit bedeckt sein. Rühre mit dem Holzlöffel um und lass das Ganze über Nacht stehen.

Am nächsten Tag holst du den Stoff heraus und wringst ihn aus. Lass ihn auf der Wäscheleine oder der Heizung trocknen. Wenn er trocken ist, bitte einen Erwachsenen, ihn für dich bei mittlerer Temperatur zu bügeln.

WUSSTEST DU SCHON?

Aus Avocadokernen kannst du auch Tinte machen. Versuche doch einmal, mit der übrigen Färbeflüssigkeit ein Bild zu malen.

Das fixiert die Farbe im Stoff und sie tropft nicht heraus, wenn er nass werden sollte.

Avocadokerne färben den Stoff hellrosa ein. Welche Lebensmittel findest du noch, mit denen du färben könntest? Experimentiere mit unterschiedlichen Dingen, die du in der Küche und im Garten findest. Zwiebelschalen, Karottenstücke, Kaffeepulver, Blaubeeren, Brennnesseln und Granatapfelkerne eignen sich beispielsweise wunderbar zum Färben. Notiere in deinem Naturforscher-Handbuch deine Ergebnisse.

64

Fenstervögel

Manchmal fliegen Vögel gegen Fensterscheiben und verletzen sich oder sterben sogar. Hilf ihnen, solche schlimmen Unfälle zu vermeiden, indem du deine Fenster „vogelsicher“ machst. Die Piepmätze werden es dir danken!

Das brauchst du:

- **farbige Plastik- oder Mülltüten**
- **Stift**
- **Schere**
- **wasserfesten Kleber**

Wenn Vögel gegen Fensterscheiben oder Glastüren fliegen, dann deshalb, weil sie sie schlicht nicht sehen. Im Glas spiegelt sich die Umgebung und dann sehen die Vögel Himmel oder Bäume, aber eben nicht das Hindernis.

Damit die Vögel das Hindernis bemerken, muss es für sie sichtbar sein – oder sichtbar gemacht werden. Das klappt schon dadurch, dass etwas drangehängt oder -geklebt wird – am besten von außen.

Kleine Vögel haben Angst vor Greifvögeln wie Habichten, Sperbern oder Falken und machen um sie lieber einen großen Bogen. Bastle deshalb aus farbigen Mülltüten oder gebrauchten Plastiktüten „Greifvögel“. Verwende am besten kräftig bunte oder dunkle Tüten, damit die Vögel später gut auffallen und wie „Schatten“ wirken.

Zeichne jeweils den Umriss eines Greifvogels auf eine Tüte – je größer, desto besser. Vorlagen dafür findest du reichlich im Internet. Ein Greifvogel je Fenster wird nicht ausreichen, zeichne also gleich mehrere.

Schneide die Greifvögel aus und klebe möglichst viele der fertigen Vögel von außen an die Fensterscheiben.

Gestalte gleich ganze Landschaften, indem du noch Bäume, Blumen, Wolken und eine Sonne aus Plastik ausschneidest und dazuklebst. Je voller die Fenster sind, desto geringer ist die Gefahr, dass ein Vogel dagegenfliegt. Notiere in deinem Naturforscher-Handbuch, was passiert. Ist deine Vogel-Rettungsmaßnahme erfolgreich?

WUSSTEST DU SCHON?

Anstelle figürlicher Motive kannst du auch bunte Muster aufkleben, um eure Fenster vogelsicher zu machen. Versuche es doch mal mit Streifen- oder Punktemustern!

Eigentlich sollten nun keine Vögel mehr gegen die Scheiben fliegen. Sollte es aber doch passieren, geh bitte vorsichtig mit den Tieren um. Lass die Vögel am besten in Ruhe oder setze sie in eine ruhige, dunkle Ecke, in der sie sich erholen können und zugleich sicher vor Katzen und anderen Räubern sind. Mit etwas Glück geht es ihnen schnell wieder besser.

65

Faszinierender Schimmel

Die Welt ist voller Organismen, die so winzig klein sind, dass du sie mit dem bloßen Auge gar nicht sehen kannst. Nur manchmal werden sie sichtbar, wenn sie gehäuft auftreten. Beobachte Schimmel beim Wachsen und erfahre, welche Voraussetzungen er dafür braucht.

Das brauchst du:

- **3 Scheiben Weißbrot** (z. B. Toast)
- **3 Tücher Küchenrolle**
- **Wasser**
- **3 transparente Plastikbeutel**
- **Kreppklebeband**
- **Folienschreiber**

Wenn du schon einmal in euren Brotkasten geschaut und darin eine Scheibe Brot entdeckt hast, die von einem feinen Flaum überzogen war, dann war das Schimmel. Schimmel ist ein Pilz. Er wächst aus Sporen, die in der Gegend herumfliegen und so gut wie überall zu finden sind, auch auf deiner Haut, im Boden und auf der Arbeitsfläche eurer Küche. Manche Schimmelpilze können Menschen krank machen, aber die meisten sind ganz und gar harmlos.

Bereite deine Schimmelkultur-Beutel vor. Falte die drei Küchentücher je zweimal zu kleineren Vierecken und befeuchte sie leicht mit Wasser. Leg nun in jeden Plastikbeutel eines der feuchten Tücher.

Drücke deine Hand fest auf jede der drei Scheiben Brot, sodass dein Handabdruck hinterher gut zu sehen ist. Einige der Sporen, die auf deiner Haut sind, werden auf diese Weise auf das Brot übertragen. Leg auf jedes Tuch in den Plastikbeuteln je eine Scheibe Brot. Verschließe die Tüten nun dicht mit dem Kreppklebeband.

Beschrifte die Beutel mit 1, 2 und 3. Leg den ersten in den Kühlschrank, den zweiten an einen hellen, warmen Ort (zum Beispiel auf die Fensterbank) und den dritten in einen dunklen Küchenschrank. Lass nun den Schimmel für einige Tage wachsen.

Du darfst die Beutel keinesfalls öffnen! Untersuche den Schimmel von außen durch die Tüten. Nach einigen Tagen solltest du die ersten Schimmelspuren entdecken. Nach etwa zehn Tagen kannst du das Experiment abschließen.

Achtung: Wer allergisch auf Schimmelsporen reagiert, sollte dieses Experiment besser auslassen!

Enthalten alle drei Beutel schimmeliges Brot? Ist der Schimmel in Form deiner Hand gewachsen? Welche Voraussetzungen lassen den Schimmel schneller wachsen? Mach Fotos und beschreibe die Ergebnisse in deinem Naturforscher-Handbuch. Wenn du damit fertig bist, entsorge die drei Beutel samt Inhalt sofort in eurer Restmülltonne. Wasche dir danach gründlich die Hände.

66

Bau dir einen Kescher

Keschern ist einfach wunderbar, um die vielen kleinen Wesen, die in einem Teich oder Fließgewässer leben, kennenzulernen – doch ohne Netz geht es nicht. Bau dir deinen eigenen Kescher, geh raus und erforsche die Lebewesen im Wasser.

Das brauchst du:

- alte Feinstrumpfhose
- Schere, Lineal
- Draht-Kleiderbügel
- Nadel und Faden
- wasserfestes Gewebeband
- Pflanzstab aus Bambus oder Metall

Feinstrumpfhosen sind dünn und sehr dehnbar. Als Kescher umfunktioniert lassen sie das Wasser hindurch, halten aber die kleinen Lebewesen zurück, die dir sonst entkommen würden.

Nimm eine alte Strumpfhose und mach jeweils ganz oben am Ansatz einen Knoten in jedes Strumpfhosenbein. Schneide dann die Strumpfbeine unterhalb des Knotens ab. Wirf sie weg oder bastle damit einen Käfer-Sauger (Seite 36/37) oder ein Grasmonster (Seite 126/127). Das übrige Höschen mit den zusammengeknoteten Restbeinen wird das Netz für deinen Kescher.

Biege den Drahtbügel an der breitesten Seite auf, sodass eine Rautenform entsteht. Leg das Netz in die Mitte und zieh das Bündchen der (ehemaligen) Strumpfhose über den Draht. Schlage den Stoff komplett über den Draht, sodass er ganz ummantelt ist, und näh den Stoff nun rundherum mit Nadel und Faden fest. Ein einfacher Heftstich reicht völlig aus. Solltest du Hilfe brauchen, frag einen Erwachsenen.

Biege nun den Haken des Kleiderbügels auf und klebe mit dem Gewebeband den Stab daran fest. Jetzt ist dein Kescher fertig. Auf Seite 40/41 lernst du, wie man keschert. Wenn du Glück hast, findest du einen Teichmolch wie auf dem Foto oben.

Schau mal, wie viele verschiedene Lebewesen du mit deinem Kescher fangen kannst. Notiere die Funde in deinem Naturforscher-Handbuch. Lass die Tiere immer schnell wieder frei.

67

Lavendelsäckchen

Lavendel enthält ätherische Öle, die gut riechen und eine entspannende Wirkung haben. Bastle dir ein kleines Lavendelsäckchen, das dir bestimmt beim Einschlafen helfen wird. Experimentiere dann mit weiteren Kräutern und stelle verschiedene Duftsäckchen zusammen.

Das brauchst du:

- Lavendel
- Schere oder Zackenschere
- Brotschneidebrett
- Reis und eine Schüssel
- Baumwollstoff, alte CD
- Schneiderkreide oder Buntstift
- Gummiband, Satin- oder anderes Dekoband

Lavendelbüsche blühen im Sommer. Ernte die Blüten, wenn sie frisch aufblühen, dann ist ihr Duft am intensivsten. Schneide dazu die Stängel unten ab und leg sie auf ein Brotschneidebrett. Stelle es an einen sonnigen Ort, zum Beispiel auf die Fensterbank, und lass die Stängel mindestens eine Woche lang gut trocknen.

Dir wird sicherlich auffallen, dass die Blüten schon bald ihre leuchtend violette Farbe verlieren. Das ist nicht schlimm. Wichtig ist nur der Duft. Sieh alle paar Tage nach, ob die Blüten schon vom Stängel fallen. Dann sind sie trocken.

Bereite nun die Füllung für deine Säckchen vor: Mische in der Schüssel immer zwei Handvoll Lavendelblüten mit einer Handvoll Reis. Der Reis gibt deinem Säckchen eine hübsche, pralle Form.

Nun zur Hülle deines Säckchens: Schneide ein kreisrundes Stück aus dem Stoff aus. Der Kreisdurchmesser sollte so groß wie der einer CD sein. (Zeichne die Schnittkante gegebenenfalls mit Schneiderkreide vor.) Leg den ausgeschnittenen Stoff mit „dem Gesicht" nach unten hin und gib etwa eine Handvoll der Lavendel-Reis-Mischung in die Mitte. Nimm den Stoff nun rundherum vorsichtig an den Rändern zusammen, sodass ein Säckchen entsteht, und binde es oben mit dem Gummiband zusammen. Binde nun noch ein hübsches Stoffband darum, um das Gummiband zu verdecken – fertig ist dein Lavendelsäckchen! Leg das Säckchen nachts neben dein Kopfkissen oder zwischen die Wäsche in deinem Schrank. Lavendel duftet so viel besser als Socken!

Und nicht nur Lavendel duftet herrlich – das tun auch viele andere Pflanzen in deinem Garten. Die Blätter der Duftgeranien riechen fruchtig nach Zitrone. Küchenkräuter wie Rosmarin und Thymian haben ebenfalls wunderbare Düfte. Stelle verschiedene Duftmischungen aus getrockneten Pflanzen für weitere Duftsäckchen zusammen. Notiere deine Kompositionen im Naturforscher-Handbuch. Welche gefällt dir am besten?

Lavendelpflanzen haben Drüsen, die mit ätherischen Ölen gefüllt sind. Diese sternförmigen Drüsen befinden sich in allen Pflanzenteilen: den Blättern, Blüten und dem Stängel. Wenn du Lavendel zwischen deinen Fingern reibst, platzen die Drüsen auf und verströmen ihren Duft.

68

Kartoffel-Batterie

Mach aus einer Kartoffel eine Batterie, mit der du deinen Taschenrechner oder ein anderes Gerät betreibst, das wenig Energie benötigt. Schau, wie lang die Batterie hält – und probiere dann weitere aus anderen Obst- und Gemüsesorten aus.

Das brauchst du:

Kartoffel

kleines Stück Kupferdraht
(z. B. eine Büroklammer)

verzinkten Nagel

alten Taschenrechner mit Micro- oder Mignon-Batterie

2 Kabel mit Krokodilklemmen

eventuell Kreppklebeband

Es ist ganz einfach, aus einer Kartoffel eine Batterie zu machen. Biege den Kupferdraht zu einem Bogen und stecke die Enden in die Kartoffel. Berühre den Draht mit deiner Zunge. Spürst du etwas?

Stecke den verzinkten Nagel in die Kartoffel. Der Nagel und der Draht sollten nah beieinander sein, sich aber nicht berühren. Berühre nun den Kupferdraht und den Nagel mit der Zunge. Was spürst du?

Als du das erste Mal mit der Zunge nur den Kupferdraht berührt hast, wirst du vermutlich nicht viel gespürt haben. Aber jetzt solltest du ein kleines Kitzeln und einen metallischen Geschmack wahrnehmen. Das ist ein gutes Zeichen, es bedeutet nämlich, dass deine Batterie arbeitet. Kartoffel-Batterien haben nur eine sehr schwache elektrische Stromstärke, die ganz harmlos ist. Lecke keinesfalls an Batterien, die du im Laden kaufst, denn dabei könntest du einen kleinen elektrischen Schlag bekommen.

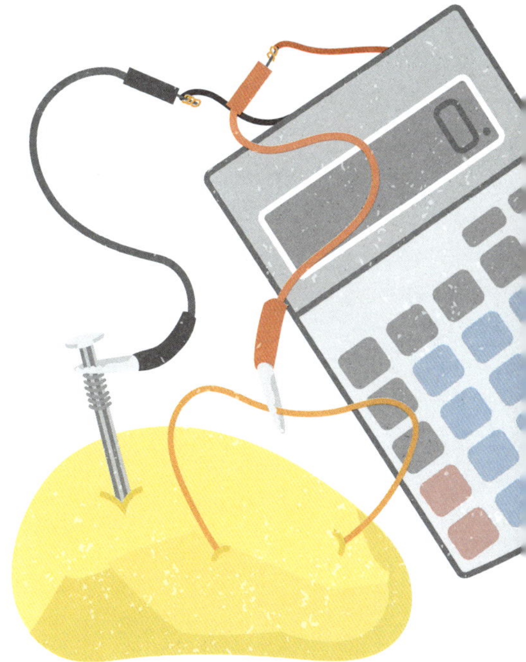

Öffne die Abdeckung des Batteriefachs an deinem Taschenrechner. Achtung! Er könnte bei diesem Experiment kaputtgehen, nimm also einen alten, günstigen Taschenrechner, bei dem es nicht so schlimm ist, wenn das passiert.

Nimm die Batterie heraus. Falls der Taschenrechner ein Solarfeld hat, klebe es mit Kreppklebeband ab, sodass kein Sonnenlicht mehr drauffällt.

Verbinde nun den Taschenrechner mit der Kartoffel. Dazu verbindest du den mit einem Plus-Zeichen gekennzeichneten Pol des Taschenrechners und den Zinknagel durch ein Kabel mit Krokodilklemmen. Und dann verbindest du den Minus-Pol des Taschenrechners ebenso mit dem Kupferdraht. Dreh den Taschenrechner um und prüfe das Anzeigefeld. Dein Taschenrechner sollte wieder funktionieren.

Deine Batterie erzeugt Strom, weil Elektronen – das sind winzigste negativ geladene Elementarteilchen – durch den Stromkreis fließen, den du gebaut hast. Die Kartoffel beziehungsweise die Flüssigkeit in ihr ist ein „Elektrolyt“, also eine Substanz, die elektrischen Strom leiten kann. Achtung! Durch den Stromfluss entstehen giftige Stoffe. Du darfst die Kartoffel auf keinen Fall mehr essen.

Mach nun aus anderen Dingen, die du in der Küche findest, Batterien. Gut eignen sich Zitrusfrüchte wie Zitronen oder Orangen, aber auch Essiggurken und eingelegte Zwiebeln ergeben super Batterien. Mit welcher Batterie hat dein Taschenrechner am längsten „Saft“?

69

Öko-Graffiti

Viele Leute mögen normale Graffiti an Häuserwänden nicht, weil sie mit Farbe aufgesprüht werden, die kaum wieder heruntergeht. Für Öko-Graffiti benutzt du eine „Farbe" aus lebendigen Pflanzen. Sie ist also umweltfreundlich und zugleich leicht entfernbar. Mach Öko-Graffitifarbe aus Moos und bring deine Wand buchstäblich zum Leben.

Das brauchst du:

- Moos
- Schüssel mit Wasser, Smoothie-Mixer
- 2 Tassen Wasser
- 2 Tassen Joghurt
- 1 Teelöffel Zucker
- Maismehl
- Pinsel

Dieses Experiment bereitest du in der Küche vor und führst es dann draußen durch. Sammle zuerst eine große Handvoll Moos. Moos ist grün und wächst in dicken Kissen an schattigen, feuchten Orten, zum Beispiel im Rasen, am Waldboden oder an Baumstämmen. Es gibt rund 20 000 verschiedene Moosarten. Moose haben winzig kleine Blätter, die vollgepackt sind mit dem grünen Pflanzenfarbstoff Chlorophyll.

Leg das Moos in eine Schüssel voll Wasser und „wasche" es mit deinen Händen, sodass sich Erdklümpchen und anderer Schmutz ablösen. Nimm das Moos dann aus dem Wasser, drücke es leicht aus und zerrupfe es in kleine Stücke.

WUSSTEST DU SCHON?

Statt mit langen Wurzeln halten sich Moose nur mit wurzelähnlichen Haftorganen, den Rhizoiden, an Oberflächen fest.

Gib das Moos in den Mixbecher und füge zwei Tassen Wasser, den Joghurt und den Zucker hinzu. Püriere die Zutaten mit dem Mixer. Lass dir dabei von einem Erwachsenen helfen. Erstaunlicherweise überlebt das Moos diese Prozedur. Es wird lediglich in viele kleine Pflänzchen zerteilt.

Deine Mischung sollte zähflüssig wie Farbe sein. Ist sie zu dick, gib noch etwas Wasser hinzu. Ist sie zu flüssig, gib Maismehl hinzu. Jetzt ist deine Moos-Farbe fertig.

Frag einen Erwachsenen, ob du deine Farbe draußen an einer Mauer oder Wand ausprobieren darfst. Vergiss nicht, dass Moos es gern schattig hat. Deine Wand sollte also nicht der prallen Sonne ausgesetzt sein. Trage die Farbe mit dem Pinsel auf. Du könntest zum Beispiel ein Natur-Motiv wie ein Tier oder eine Pflanze malen.

Schau jede Woche nach deinem Öko-Graffiti. Wenn es sich schwertut mit dem Wachsen, musst du vielleicht noch einmal etwas Farbe auftragen. Wenn das Moos trocken wirkt, kannst du es mit Wasser aus einer Sprühflasche besprenkeln. Mach ein Foto und klebe es in dein Naturforscher-Handbuch. Wie lange schaffst du es, dein Öko-Graffiti am Leben zu halten? Probiere verschiedene Oberflächen aus: Wie wächst dein Öko-Graffiti auf Holz oder Ziegelsteinen? Wo wächst es am besten?

70

Windmesser

An manchen Tagen geht kaum Wind, während er an anderen Tagen so stark bläst, dass er dich fast umweht. Bau einen Windmesser, auch Anemometer genannt, und beobachte, wie sich der Wind von Tag zu Tag verändert.

Nimm einen Pappbecher und pikse mit dem spitzen Bleistift zwei gegenüberliegende Löcher dicht unterhalb des Becherrands. Stecke einen Strohhalm durch die beiden Löcher, sodass er an beiden Seiten herausschaut.

Dreh den Pappbecher um 90° und wiederhole den ersten Schritt. Danach stecken in deinem Pappbecher zwei Strohhalme, die sich in der Mitte kreuzen. Das ist die Basis.

Berechne die Windgeschwindigkeit. Halte den Windmesser aus dem offenen Fenster eures Autos und bitte den Fahrer, mit konstant 30 Stundenkilometern zu fahren. Zähle die Umdrehungen deines Windmessers in 30 Sekunden. Wenn er sich zehnmal gedreht hat, weißt du, dass zehn Umdrehungen einer Windgeschwindigkeit von 30 Stundenkilometern entsprechen. Das ist dein Bezugswert. Wenn sich dein Windmesser später beispielweise fünfmal in 30 Sekunden dreht, weißt du, dass der Wind mit einer Geschwindigkeit von etwa fünf Stundenkilometern weht.

Nimm den nächsten Pappbecher. Bohre mit dem Bleistift auf mittlerer Höhe ein Loch in die Becherwand. Bohre ein zweites Loch auf derselben Höhe etwa 2 cm entfernt vom ersten Loch. Wiederhole den Schritt mit den verbleibenden drei Pappbechern. Diese vier Becher werden deine „Segel“.

Stecke die Segel, eines nach dem anderen, auf die Strohhalmenden, die aus der Basis herausschauen. Führe die Strohhalme dabei so, dass sie durch das erste Loch in den Becher und durch das zweite wieder herausgleiten. Die Öffnungen der Becher müssen alle in dieselbe Richtung schauen.

Das brauchst du:

5 kleine Pappbecher

2 lange Strohhalme

Lineal, spitzen Bleistift mit Radiergummi

Reißzwecke

Stoppuhr oder andere Uhr mit Sekundenzähler

Erwachsenen mit einem Auto

Stich mit dem Bleistift ein Loch in den Boden der Basis. Das Loch muss genau in der Mitte des Becherbodens und so groß sein, dass der Bleistift hindurchpasst. Stecke den Bleistift nun mit dem stumpfen Radiergummi-Ende durch das Loch, bis der Radiergummi die Stelle berührt, wo sich die Strohhalme kreuzen.

Drücke von oben eine Reißzwecke durch die gekreuzten Strohhalme in den Radiergummi. Geh behutsam vor und drücke die Reißzwecke nicht zu fest, sonst funktioniert dein Anemometer nicht. Teste, ob sich dein Windmesser dreht. Wenn er sich leicht dreht, ist er einsatzbereit!

Stelle dich an einem windigen Tag mit deinem Windmesser nach draußen und zähle, wie oft er sich in 30 Sekunden dreht.

71

Badebomben mit Rosenblüten

Lehne dich in der Badewanne zurück und genieße den Duft deiner selbst gemachten Badebomben mit Blüten aus dem Garten. Welche Blumen ergeben die duftigsten Badebomben?

Das brauchst du:

- **250 g Natron** (Backsoda)
- **125 g Zitronensäure** (in Pulverform)
- **60 g Speisestärke**
- **60 ml Olivenöl**
- **große Rührschüssel, Holzlöffel**
- **ätherische Öle** (nach Belieben)
- **Lebensmittelfarbe**
- **1 Handvoll Rosenblütenblätter**
- **Wasser in einer Sprühflasche**
- **Eiswürfelform aus Silikon**

Gib das Natron, die Zitronensäure, die Speisestärke und das Olivenöl in eine große Rührschüssel und knete alles gut durch. Das Olivenöl bindet die trockenen Zutaten und tut außerdem deiner Haut beim Baden gut. Gib einige Tropfen ätherisches Öl in die Mischung. Du kannst jedes Öl nehmen, das du angenehm findest – Lavendelduft ist zum Beispiel sehr entspannend.

Vermische die Zutaten mit dem Holzlöffel. Füge einige Tropfen Lebensmittelfarbe hinzu. Nimm nicht zu viel, denn du willst ja nicht, dass deine Haut nach dem Bad ganz pink, grün oder blau ist.

Deine Mischung ist vermutlich immer noch ziemlich puderig. Das war zu erwarten. Zerrupfe die Rosenblütenblätter in kleine Stücke und gib sie in die Mischung. Rühre noch einmal um und gib dann einige Sprühstöße Wasser hinzu. Hör genau hin. Hörst du ein Zischen? Die Zutaten fangen an, miteinander zu reagieren.

Rühre so lange weiter, bis die Mischung die Konsistenz von nassem Sand hat. Gib nicht zu viel Wasser hinzu, sonst ist es mit dem Knisterspaß schon vor dem Baden vorbei.

Nimm mit den Fingern kleine Kleckse aus der Schüssel und presse sie in die Eiswürfelformen. Pass auf, dass du jetzt bloß nicht mit deinen Fingern deine Augen berührst, denn die Mischung könnte fürchterlich brennen. Wasche deine Hände gründlich, sobald du mit dem Befüllen der Eiswürfelformen fertig bist.

Rosenblüten duften herrlich, aber sicherlich findest du auch andere natürliche Duftaromen. Probiere doch auch einmal zerdrückte Lavendelblüten oder geriebene Orangenschale aus.

Warte nun etwa zwei Tage, bis deine Badebomben ausgehärtet sind. Löse sie erst aus der Form, wenn du dir sicher bist, dass sie ganz fest sind. Lass dir eine Badewanne voll Wasser einlaufen und gib eine der Badebomben hinein. Viel Spaß beim Baden!

72

Sturm in der Wasserflasche

Tornados oder andere Wirbelstürme ziehen meist eine Spur der Zerstörung hinter sich her. Lass einen Mini-Tornado in einer Flasche wirbeln. Er wird nichts zerstören (versprochen!), dafür erfährst du jede Menge über die Entstehung von Wirbelstürmen.

Das brauchst du:

- **2 gleich große Plastikflaschen mit Deckeln**
- **Schere**
- **Lebensmittelfarbe**
- **Gewebeband**

Dreh den Deckel von der ersten Flasche und bohre mit der Schere ein Loch hinein. Es sollte rund sein und einen Durchmesser von etwa 1 cm haben. Das ist gar nicht so einfach, bitte also am besten einen Erwachsenen um Hilfe. Mach dasselbe nun mit dem Deckel der zweiten Flasche.

Gib einige Tropfen Lebensmittelfarbe in eine der leeren Flaschen und fülle sie dann bis fast ganz obenhin mit Wasser. Schwenke die Flasche, damit sich das Wasser mit der Lebensmittelfarbe gut vermischt. Das gefärbte Wasser macht deinen Tornado besser sichtbar.

Dreh die Deckel wieder so fest du kannst auf die Flaschen auf. Stelle die leere Flasche kopfüber auf die gefüllte Flasche und verbinde beide großzügig mit Klebeband. Klebe es so straff wie möglich um die Flaschenhälse herum, denn gleich wirst du die Konstruktion umdrehen, und dann soll kein Wasser herauslecken. Vielleicht bittest du auch bei diesem Schritt einen Erwachsenen um Hilfe.

Echte Tornados entstehen auf eine ähnliche Weise in Gewitterwolken. Dabei treffen kalte, herabfallende Luftströmungen auf aufsteigende, warme Luftwirbel. Es bildet sich eine schnell wirbelnde Luftsäule, in deren Inneren ein gewaltiger Sog herrscht.

Dreh nun die Konstruktion vorsichtig um und stelle sie auf einen Tisch. Was passiert? Die untere Flasche mag zwar leer aussehen, aber tatsächlich ist sie voll mit Luft. Das Wasser aus der oberen Flasche drückt die Luft herunter, aber die Luft in der unteren Flasche drückt auch gegen das Wasser. Deswegen bleibt das Wasser in der oberen Flasche drin.

Nimm nun die Flaschen in beide Hände und schwenke sie im Kreis herum. Was passiert jetzt? Die Bewegung ermöglicht es der Luft, in die obere Flasche zu entweichen. Auf diese Weise entsteht eine sich drehende, trichterförmige Wassersäule – oben weit und unten spitz. Das ist dein „Tornado". Das Wasser wird nun durch die Verbindung zwischen den Flaschen abfließen.

73

Pilz-Abdrücke

Pilze sind weder Tiere noch Pflanzen. Sie bilden das dritte große Reich von Lebewesen auf unserem Planeten. Du kannst mit ihnen wundervolle Abdrücke zaubern – probiere es gleich einmal mit den Pilzen aus eurem Kühlschrank aus.

Verwende für dieses Experiment sicherheitshalber nur Speisepilze aus dem Supermarkt und keine, die du draußen in der Natur findest, denn manche davon sind sehr giftig! Die Pilze müssen ganz frisch und saftig sein, mit alten, vertrockneten oder eingelegten klappt es nicht.

Das, was wir gewöhnlich als „Pilze“ bezeichnen, ist eigentlich nur der sichtbare Teil des Pilzes – die Frucht. Den größten Teil macht das feine Geflecht aus Pilzfäden (das Myzel) aus, das unterirdisch wächst. Aber schauen wir uns den oberirdischen Teil einmal genauer an. Zeichne einen Pilz in dein Naturforscher-Handbuch ab. Beschrifte in deiner Zeichnung den Stiel, also den unteren Teil, und den oberen Teil, den Hut.

Das brauchst du:

Pilze mit Lamellen
(z. B. Austernpilze, Champignons und Shiitake)

Messer, Schüssel

schwarzes und weißes Papier

Steine

Schau unter den Hut von deinem Pilz. Was siehst du? Sind dort viele zarte Häutchen? Das sind die Lamellen. Hier sitzen die Sporen, mit denen sich die Pilze fortpflanzen. Wenn sie aus dem Fruchtkörper, also dem Hut, herausfallen und vom Wind davongetragen werden, können sie keimen,

und es wachsen neue Pilze. Neben den Lamellenpilzen gibt es auch Röhrenpilze wie den Steinpilz und Leistenpilze wie den Pfifferling. Deren Hutunterseiten sehen etwas anders aus.

Jetzt kommen wir zum Sporen-Abdruck: Nimm zwei Pilze der gleichen Sorte und schneide die Stiele direkt unter dem Hut ab. Gib acht, dass du dabei nicht auf die Lamellen fasst. Leg einen Pilz auf weißes Papier, den anderen auf schwarzes, und zwar so, dass die Lamellen nach unten zeigen. Leg je einen Stein auf jeden Pilzhut. Die Steine sollten schwer genug sein, um den Hut auf das Papier zu drücken, aber nicht so schwer, dass sie die Pilze zerquetschen.

WUSSTEST DU SCHON?

Pilze können Nahrung nicht wie Tiere fressen, aber auch nicht Nährstoffe selbst produzieren wie Pflanzen. Stattdessen nehmen sie organische Substanzen aus ihrer Umgebung über das Myzel auf.

Stülpe nun eine Schüssel über die beiden Pilze, damit sie nicht austrocknen. Am nächsten Morgen nimmst du die Schüssel hoch, legst die Steine beiseite und löst die Pilzhüte vorsichtig vom Papier. Hat es geklappt mit den Abdrücken?

Die Abdrücke sind aus Tausenden von Sporen entstanden, die aus den Lamellen gefallen sind. Das Sporenpulver kann von Pilzart zu Pilzart ganz unterschiedliche Farben haben. Helle Sporen sind auf schwarzem Papier gut zu sehen, dunkle Sporen besser auf weißem. Welche Farbe haben die Sporen deiner Pilze?

Wiederhole das Experiment mit anderen Pilzen. Vergiss nicht, dass deine Abdrücke aus lebenden Sporen bestehen, klebe sie also nicht in dein Naturforscher-Handbuch ein, sondern mach Fotos davon, die du stattdessen einklebst.

74

Eine Wolke im Glas

Wirklich nah kommen die meisten von uns Wolken wohl allenfalls im Flugzeug. Mach in diesem Experiment deine eigene Mini-Wolke im Einmachglas und lerne, wie Wolken entstehen.

Das brauchst du:

- **Einmachglas mit Schraubdeckel**
- **Eiswürfel**
- **heißes Wasser**
- **Haarspray**

Dieses Experiment führst du am besten im Spülbecken eurer Küche durch. Drehe den Deckel vom Einmachglas ab und leg ihn anders herum vor dich hin. Leg drei Eiswürfel in den umgedrehten Deckel. Spüle das Einmachglas mit warmem Leitungswasser aus. Bitte einen Erwachsenen, das Einmachglas zur Hälfte mit kochendem Wasser zu befüllen. Stelle dann den Deckel mit den Eiswürfeln auf die Öffnung des Einmachglases. Beobachte dein Experiment fünf Minuten lang. Was passiert?

Leere das Glas für einen zweiten Durchlauf. Befüllt das Glas wieder zur Hälfte mit kochendem Wasser und fügt dieses Mal noch einen ordentlichen Stoß Haarspray hinzu, bevor du den Deckel mit drei neuen Eiswürfeln auf die Öffnung stellst. Beobachte das Ganze wieder fünf Minuten lang. Was passiert jetzt?

Wasser verdampft aus unseren Meeren, Seen und Flüssen und steigt als Wasserdampf in die Luft. Je höher die Wasserdampfmoleküle steigen, desto kühler ist die Luft, auf die sie treffen. Dadurch bilden sich kleine Wassertropfen, man sagt, der Wasserdampf „kondensiert“. Die Wassertropfen bilden zusammen Wolken, und wenn sie zu voll und zu schwer werden, regnet es.

Im ersten Durchgang des Experiments hast du vermutlich beobachtet, dass sich kleine Wassertropfen am Rand des Glases gebildet haben. Der warme Wasserdampf ist im Glas aufgestiegen und ist zu Tropfen kondensiert, als er auf den kalten Deckel gestoßen ist.

Damit sich Wolken formen, braucht es noch etwas mehr. Die Wasserdampfmoleküle müssen im Himmel auf Partikel aus Staub, Eis oder Meeressalz stoßen, an denen sie haften bleiben und zu Tröpfchen kondensieren.

Im ersten Durchgang gab es keine Staubpartikel, doch im zweiten Durchgang hat das Haarspray wie Staub funktioniert. Die winzigen Wasserdampfmoleküle haben sich an die Haarspraypartikel geheftet. So entstand die Wolke im Einmachglas.

Jetzt wird's lustig: Lass deine Wolke frei! Hebe vorsichtig den Deckel an und beobachte, wie die Wolke verschwindet. Falls du jemals eine Wolke anfassen wolltest, ist das jetzt die Gelegenheit!

Versuche, mit Deodorant oder Raumspray schöne Wolken zu schaffen. Klappt es damit vielleicht noch besser?

WUSSTEST DU SCHON?

Andere Planeten haben ebenfalls Wolken, allerdings nicht aus Wasser. Auf dem Jupiter gibt es beispielsweise Wolken mit Molekülen aus Ammoniak und Schwefel. Nichts für zarte Näschen …

75

Sage das Wetter vorher

Um das Wetter vorherzusagen, benutzen Meteorologen unter anderem ein Gerät, das Barometer heißt. Bau dir dein eigenes Barometer und schau, ob deine Wettervorhersagen besser sind als die der Meteorologen.

Das brauchst du:

Luftballon, Gummiband

Schere

Marmeladenglas

Klebeband

Strohhalm

DIN-A4-Fotokarton

Lineal, Stift

Unser Planet ist von einer Hunderte Kilometer dicken Schutzhülle aus Luft umgeben. Diese Schicht heißt Atmosphäre. Die Atmosphäre drückt auf die Erde, sie übt also Druck aus. Je nachdem, wie sich die Luft aufwärmt oder abkühlt und Wasser aufnimmt oder abgibt, verändert sich auch der Luftdruck. Diese Veränderungen im Luftdruck können mit dem Barometer gemessen werden.

Schneide den Ballon etwa in der Mitte entzwei und entsorge das untere Ende mit dem Puste-Nippel im Restmüll. Spanne den restlichen Ballon straff über die Öffnung deines Marmeladenglases. Wenn er keine Falten oder Beulen mehr hat und ganz straff sitzt, befestige ihn mit dem Gummiband. Jetzt kann die Luft im Marmeladenglas nicht mehr entweichen.

Klebe ein Stück Klebeband an ein Ende des Strohhalms und befestige ihn damit in der Mitte der Ballonfläche. Der Strohhalm sollte nun horizontal über den Rand herausragen und einen rechten Winkel zum Marmeladenglas bilden.

Wenn sich der Luftdruck verändert und mehr oder weniger stark auf den Ballon drückt, wird sich der Strohhalm leicht auf und ab bewegen. Um zu sehen, wie viel Bewegung tatsächlich stattfindet, brauchst du eine Skala.

Für deine Skala faltest du den Fotokarton einmal längs in der Mitte. Zeichne mithilfe des Lineals kleine horizontale Linien im Abstand von 1 cm ein. Ganz oben malst du eine Sonne, ganz unten eine Wolke.

Stelle dein Barometer im Haus an einem Ort auf, an dem es nicht zu große Temperaturschwankungen gibt. Am Fenster oder in der Nähe der Heizung ist also kein guter Ort, denn hier wird sich die Luft im Marmeladenglas schneller einmal ausdehnen oder zusammenziehen und deine Messungen so verfälschen. Stelle deine Skala neben dem Glas auf, und zwar so, dass der Strohhalm auf die Linien zeigt.

Schau jeden Tag nach. Bewegt sich der Zeiger aufwärts oder abwärts? Notiere deine Beobachtungen in deinem Naturforscher-Handbuch und vergleiche sie mit eurer örtlichen Wettervorhersage. Wer liegt richtig?

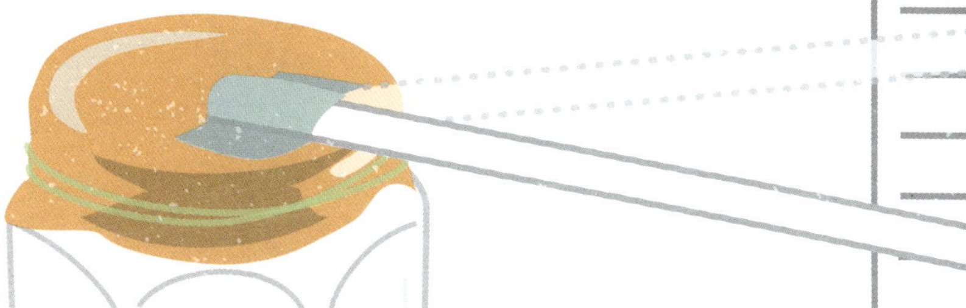

Wenn der Luftdruck niedrig ist, wirkt weniger Druck auf den Ballon und der Zeiger senkt sich abwärts. Das bedeutet, dass es bald Regen geben wird. Wenn der Luftdruck hoch ist, wirkt auch mehr Druck auf die Oberfläche des Ballons und der Zeiger zeigt nach oben. Das bedeutet, dass das Wetter sonnig und trocken wird.

76

Bau ein Thermometer

Die meisten Thermometer haben ein Röhrchen mit einer farbigen Flüssigkeit drin. Das Prinzip ist so simpel, dass du dir ganz einfach selbst ein Thermometer mit Leitungswasser und Lebensmittelfarbe bauen kannst. Notiere jeden Tag die Temperaturen.

- Fülle die Flasche bis fast ganz oben mit kaltem Wasser und füge einige Tropfen Lebensmittelfarbe hinzu. Schüttel die Flasche, damit sich Wasser und Farbe gut vermischen.

- Leg das Lineal an den Strohhalm und miss von oben 5 cm ab, markiere die Stelle, miss dann von dort weitere 5 cm ab und markiere auch diese Stelle. Forme die Knetmasse zu einer dicken Wurst und leg sie in Höhe der zweiten Markierung um den Strohhalm herum wie einen dicken Schwimmreifen.

- Stelle den Strohhalm in die Flasche. Das untere Ende darf nicht den Flaschenboden berühren, schneide den Strohhalm also gegebenenfalls ein Stück ab. Der „Schwimmreifen" ist jetzt wie ein Deckel, der verhindert, dass der Strohhalm in die Flasche fällt. Vermische in einem Glas noch etwas mehr Wasser mit Lebensmittelfarbe und gib die Mischung mithilfe der Pipette in den Strohhalm. Fülle ihn so weit auf, bis das gefärbte Wasser genau die obere 5-cm-Markierung erreicht.

- Gib nun noch zwei Tropfen Öl in den Strohhalm. Öl und Wasser vermischen sich nicht. Das Öl wird also immer als kleine Schicht auf dem Wasser schwimmen. Auf diese Weise kann das Wasser im Strohhalm nicht verdunsten und weniger werden.

- Dein Thermometer ist jetzt einsatzbereit. Stelle es in eine Schüssel mit Eiswürfeln und Wasser. Was passiert mit dem Wasserstand im Strohhalm? Markiere den neuen Stand auf dem

Strohhalm. Das Eiswasser hat eine Temperatur von etwa 0 °C, deine Markierung entspricht also 0 °C. Schreibe das 0 °C neben die Markierung.

Stelle deine Flasche jetzt in eine Schüssel mit Wasser, das gerade gekocht hat. (Lass dir dabei von einem Erwachsenen helfen.)

Miss nun weitere Temperaturen. Wie viel Grad hat die Luft draußen? Wie viel Grad hat dein Badewasser? Ist die Temperatur näher an der 0-°C- oder näher an der 100-°C-Markierung?

Das brauchst du:

- kleine Flasche
- kaltes Wasser
- Lebensmittelfarbe
- transparenten Plastikstrohhalm
- Lineal, wasserfesten Filzstift
- Knete
- Trinkglas
- Pipette
- Olivenöl
- hitzebeständige Glasschüsseln
- Eiswürfel und kochendes Wasser

Was passiert nun mit dem Wasserstand im Strohhalm? Markiere den Wasserstand. Diese Markierung entspricht einer Temperatur von etwa 100 °C, schreibe also 100 °C an diesen Strich.

77

Schreibe mit unsichtbarer Tinte

Unsichtbare Tinte ist nicht nur bei Spionen beliebt. Erfahre in diesem Experiment, wie du sie mithilfe einer Zitrone herstellst und sie später mit einer Kerze wieder sichtbar machst.

Schneide die Zitrone in zwei Hälften und presse den Saft aus. Entferne die Kerne, die vielleicht auch herausgefallen sind. Gib den Saft zusammen mit einem Teelöffel Wasser in eine Schüssel und verrühre die Mischung gut. Fertig ist die unsichtbare Tinte!

WUSSTEST DU SCHON?

Schon die alten Römer verwendeten Geheimtinten, um Nachrichten für Unbefugte unsichtbar zu machen. Sie benutzten beispielsweise Milch oder Wolfsmilch (den Saft einer Pflanze).

Tauche den Pinsel in die Tinte und schreibe eine Nachricht auf das Blatt Papier. Arbeite schnell, denn wenn die Tinte getrocknet ist, kannst du nicht mehr sehen, was du geschrieben hast. Wenn du eine Schreibfeder hast, wie sie Kinder früher in der Schule benutzt haben, kannst du auch die zum Schreiben nehmen. Lass deine Nachricht dann trocknen.

Bitte einen Erwachsenen, deine Nachricht zu dechiffrieren, also zu entschlüsseln. Dazu braucht er eine Kerze. Er muss das Papier über die Flamme halten – aber nicht zu nah, sonst wird die Nachricht Feuer fangen! Bewegt er das Papier über der Flamme langsam hin und her, wird deine Nachricht allmählich sichtbar.

Warum ist das so? Der saure Zitronensaft bräunt schneller als der Rest des Papiers. Aus welchen anderen sauren Flüssigkeiten könntest du außerdem Tinte herstellen? Probiere es einmal mit Essig, Apfelsaft und Orangensaft. Was funktioniert am besten? Fallen dir noch andere Möglichkeiten ein, um die versteckten Nachrichten zu enthüllen?

Der Schlüssel dazu ist Hitze. Leg deine Geheimbotschaft auf die Heizung oder bitte einen Erwachsenen, mit dem Bügeleisen über das Papier zu fahren. Beide Methoden sollten klappen. Eine weitere Möglichkeit ist, Salz auf die noch feuchte Tinte zu streuen. Lass das Salz etwa eine Minute lang dort, wisch es dann weg. Wenn du die Nachricht jetzt lesen möchtest, fahre einfach mit einem bunten Wachsmalstift leicht darüber, um sie sichtbar zu machen.

Das brauchst du:

- Messer
- Zitruspresse
- Schüssel, Wasser
- feinen Pinsel
- Papier
- Kerze, Streichhölzer

78

Bau ein Mini-Floß

Jetzt kommt ein tolles Experiment für Regentage: Bau ein Mini-Floß und lass es im Spülbecken eurer Küche schippern. Wie viele Münzen kann es tragen, bevor es kentert?

Einmal musst du doch kurz raus, um Stöcke zu sammeln. Brich zum Beispiel einen längeren Ast von einem Baum oder Strauch ab und teile ihn in fünf etwa gleich lange Stücke. Dein Floß muss bequem in eure Küchenspüle passen. Mach die Aststücke also nicht zu lang.

Das brauchst du:

- gerade Stöcke
- Bindfaden
- 4 hölzerne Eisstiele
- wasserfesten Kleber
- Münzen

Rein ins Trockne! Leg die Aststücke nebeneinander – das wird die Tragfläche für dein Floß. Binde sie mit dem Bindfaden aneinander. Am besten funktioniert das, wenn du den Faden einmal um ein Ende des ersten Stocks schlingst und einen Knoten machst, dann führst du den Faden zum Ende des nächsten Stocks, schlingst ihn herum, machst einen Knoten, führst ihn zum nächsten Stock und so weiter, bis du den letzten Stock erreicht hast. Mach auch hier einen festen Knoten.

Mach dasselbe am anderen Ende der fünf Stöcke: Binde sie mit dem Bindfaden zusammen und verknote alles gut.

Flöße sehen zwar ziemlich einfach aus, aber sie werden nach wie vor benutzt. Heutige Flöße setzt man zum Beispiel für Freizeitausflüge oder im Wassersport ein.

Leg zwei Eisstiele auf die Floßfläche und klebe sie fest. Wenn der Kleber trocken ist, drehst du das Floß um und klebst die beiden anderen Eisstiele auf. Auf diese Weise wird dein Floß schön stabil. Lass den Kleber gut trocknen.

Befülle das Spülbecken mit Wasser und leg dein Floß hinein. Schwimmt es oder sinkt es? Schätze, wie viele Münzen dein Floß tragen kann, bevor es untergeht. Schreibe die Schätzung in dein Naturforscher-Handbuch. Leg dann eine Münze nach der anderen auf dein Floß. Hast du richtiggelegen?

Wie gelingt es dir, dass dein Floß mehr Münzen tragen kann? Kannst du es größer machen? Schau in deinem Küchenschrank nach oder im Garten (falls es endlich aufgehört hat zu regnen), ob du etwas findest, dass es schwimmfähiger macht. Führe den Versuch mit den Münzen noch einmal durch. Ist es dir gelungen, dein Floß zu verbessern?

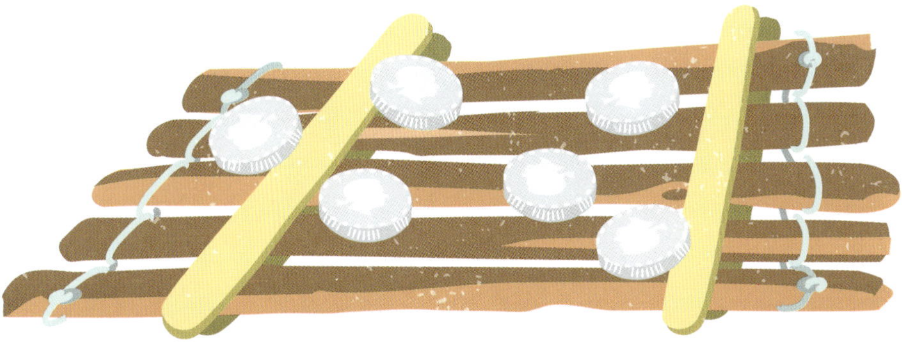

79

Selbst gemachte Fossilien

Bis ein Fossil entsteht, dauert es gewöhnlich Jahrmillionen. Das kannst du schneller! In diesem Experiment erfährst du, wie du von lebenden Dingen „fossile" Abdrücke erstellen kannst.

Das brauchst du:

- Rührschüssel und Löffel
- 100 g weißes Mehl
- 100 g Tafelsalz
- 175 ml Wasser
- Holzlöffel
- Nudelholz
- runde Plätzchenform oder Glas
- Dinge aus der Natur (z. B. Blätter, Schneckenhäuser oder Tannenzapfen)

Fossilien sind die Überreste von Lebewesen, die vor über 10 000 Jahren auf der Erde gelebt haben. Meist handelt es sich bei Fossilien um Versteinerungen. Oft wurden Tierkörper oder Pflanzenüberreste zu Versteinerungen. Manchmal sind auch die Spuren, die Tiere hinterlassen haben, versteinert. Man spricht dann von Spurenfossilien. Diese Fossilien sind sehr wichtig, denn sie erzählen Forscher*innen etwas darüber, wie die Tiere gelebt haben.

Um ein modernes „Fossil" herzustellen, musst du zunächst den Teig anrühren. Mische das Mehl und das Salz in der Rührschüssel. Gib nach und nach das Wasser dazu und rühre alles kräftig um. Die Mischung sollte ein elastischer Teig werden. Er ist perfekt, wenn er sich spurlos vom Schüsselrand löst.

Verteile ein wenig Mehl auf der Arbeitsfläche. Forme aus dem Teig mit den Händen eine Kugel, drücke die Kugel dann auf die bemehlte Arbeitsfläche und rolle den Teig mit dem Nudelholz aus. Die Teigplatte sollte etwa 2 cm dick sein. Stich runde Teigplätzchen mit dem umgedrehten Glas oder der Plätzchenform aus.

Wähle etwas aus, das dein erster Fossil-Abdruck werden soll. Blumen und Blätter ergeben wunderschöne Abdrücke, Tannenzapfen und Schneckenhäuser ebenfalls. Presse den Gegenstand mit leichtem Druck in ein Plätzchen. Er sollte nicht komplett darin verschwinden, aber doch leicht einsinken. Über flache Gegenstände wie Blätter und Blüten kannst du leicht mit dem Nudelholz fahren.

Löse den Gegenstand nun vorsichtig ab. Was siehst du? Der Gegenstand sollte sich mit vielen Details im Teig abzeichnen. Leg den Teig an einen warmen Ort, wo er ungestört über Nacht trocknen kann, zum Beispiel auf die Fensterbank oder in ein offenes Regal.

Suche im Internet nach Bildern von fossilen Pflanzen, Samen und Muschelschalen – wie der Farn im Foto oben. Im Laufe der Evolution haben viele Lebewesen ihr Aussehen verändert. Wie ähnlich sehen deine Versteinerungen jenen echten Urzeit-Fossilien, von denen du Bilder im Internet findest?

WUSSTEST DU SCHON?

Viele Spurenfossilien sind Fußabdrücke von Urzeit-Tieren, aber es können auch Abdrücke von Dingen sein, die sie im Laufe ihres Lebens hinterlassen haben, etwa Nester mit Eiern, Bauten und sogar Dinosaurierhäufchen!

80

Wasche mit Kastanien-Seife

Kastanien sind die Samen des Rosskastanien-Baums. Sie enthalten seifige Substanzen, die Saponine genannt werden. Mach dein eigenes Waschmittel aus Kastanien und schau, wie gut es funktioniert.

Das brauchst du:

- etwa 30 frische Kastanien
- scharfes Messer
- Käsereibe
- große Schüssel, Wasser
- Musselintuch oder leichten Baumwollstoff
- kleinen Plastikbehälter
- altes Stück Stoff
- Schere
- normales Stück Seife

Schäle die Kastanien vorsichtig mit dem scharfen Messer. Kastanien sind klein, rund und glatt, es könnte also etwas knifflig werden. Bitte vielleicht einen Erwachsenen um Hilfe. Reibe dann die Kastanien mit der Käsereibe klein. Das ist noch kniffliger. Hier wirst du ganz bestimmt froh sein, wenn dir ein Erwachsener hilft.

Fülle die Schüssel mit warmem Leitungswasser und leg das Musselin- oder Baumwolltuch darüber. Drücke das Tuch mit dem Finger sanft herunter, sodass in der Mitte ein kleiner Teich aus Wasser entsteht, die Tuchränder aber noch über den Schüsselrand hängen.

Kratze die geriebenen Kastanienkrümel zusammen und gib sie in die Mitte des Tuchs in der Schüssel. Lass sie dort einige Stunden gut einweichen.

Dann nimmst du das Tuch an den Zipfeln zu einem Bündel zusammen und holst es aus dem Wasser. Die Kastanienkrümel sollten wie in einem Säckchen im Stoff liegen.

Drücke den Stoff gut aus, damit alles Wasser herausfließt. Drücke so lange, bis die Krümel im Stoff einen festen, kompakten Klumpen bilden.

WUSSTEST DU SCHON?

Viele Leute denken, dass die Wikinger dreckig und stinkig waren. Aber Historiker nehmen an, dass sie Seife aus Kastanien hergestellt und sie zum Waschen benutzt haben.

Öffne nun das Tuch und drücke die Kastanienmasse fest in den Plastikbehälter. Lass deine Seife über Nacht an einem warmen Ort trocknen. Dreh den Behälter am nächsten Tag um und klopfe das Seifenstück behutsam heraus.

Jetzt unterziehst du deine Kastanien-Seife dem Test! Nimm das alte Stück Stoff mit hinaus in den Garten und wirf es ordentlich in den Dreck. Du kannst auch darauf herumtrampeln oder es in der Erde wälzen: Mach es so schmutzig es nur geht! Danach schneidest du es in der Mitte entzwei.

Fülle das Spülbecken mit warmem Wasser. Reibe das eine Stück Stoff mit normaler Seife ein, das andere mit deiner Kastanien-Seife. Welche Seife funktioniert besser?

BLEIB DRAN!

Haben all deine Experimente funktioniert? Was hast du gelernt? Welches Experiment war das beste? Welches das schmutzigste, welches das überraschendste? Was lief gut? Was lief nicht so gut?

★ Das Großartige an Experimenten wie diesen hier ist, dass es immer noch mehr auszuprobieren gibt. Genau wie in der Wissenschaft führt eine Frage zur nächsten. Wenn du zum Beispiel ein T-Shirt mit Avocado-Farbe gefärbt hast (Seite 154/155) und das Ergebnis zu blass war, kannst du dich fragen, warum. Und was könntest du tun, damit die Farbe kräftiger wird?

★ Dieses Buch mag nun zwar zu seinem Ende kommen, aber deine Experimentierfreude deswegen noch lange nicht! Plane deine ganz eigenen Versuche. Beginne immer mit einer Frage und formuliere daraus dann eine Hypothese. Eine Hypothese heißt, du überlegst dir, was deiner Meinung oder Annahme nach in diesem Experiment passieren wird. (Du erinnerst dich sicherlich: Wissenschaftler*innen machen das auch so.) Für das Avocado-Experiment könnte eine Hypothese sein: Durch Hinzufügen weiterer Avocadokerne und Schalen wird die Farbe kräftiger.

WUSSTEST DU SCHON?

Vor über 500 Jahren haben die Menschen in Südamerika mit Avocado-Tinte geschrieben. Einige der rubinroten Schriftstücke existieren sogar heute noch.

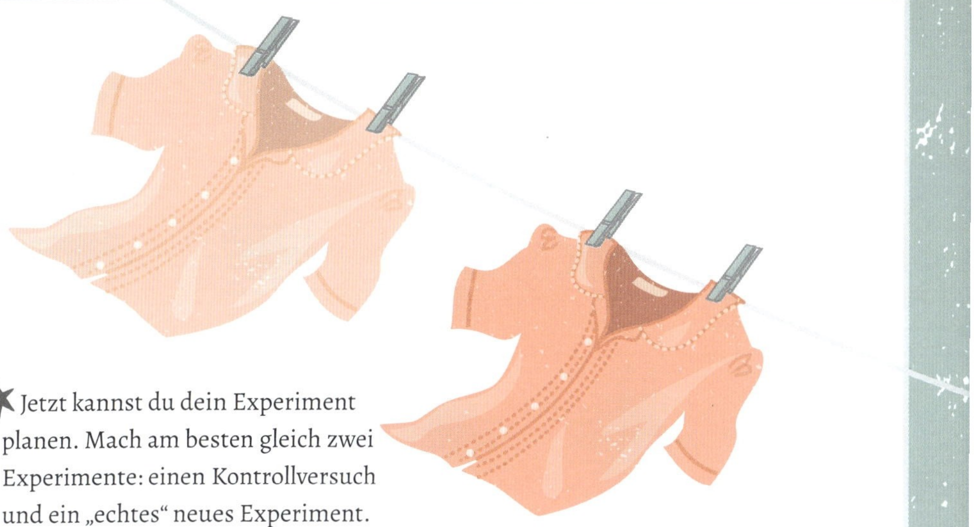

Jetzt kannst du dein Experiment planen. Mach am besten gleich zwei Experimente: einen Kontrollversuch und ein „echtes“ neues Experiment. In dem Kontrollversuch bleiben alle Versuchsvariablen gleich. Das heißt, hier änderst du nichts am ursprünglichen Versuch. So hast du einen guten Vergleich zum neuen Experiment, in dem du bestimmte Veränderungen vornimmst, die du alle genau protokollierst. Im Vergleich zum Kontrollversuch kannst du feststellen, ob die Veränderungen, die du in dem neuen Experiment durchführst, zu besseren oder anderen Ergebnissen führen oder nicht.

Das bedeutet für dein Färbe-Experiment: Im Kontrollversuch färbst du ein T-Shirt nach dem Originalrezept (nur mit vier Avocadokernen). Dein zweites T-Shirt färbst du nun nach deinem neuen Rezept, für das du weitere Kerne und Schalen verwendest. Vergleiche dann die Ergebnisse. War deine Hypothese richtig? Wenn das T-Shirt beim zweiten Versuch tatsächlich mehr Farbe angenommen hat als im Kontrollversuch, war die Hypothese korrekt.

Bleib dran und mach weiter! Stelle dir – über die Experimente in diesem Buch hinaus – Fragen und formuliere Hypothesen. Überleg dir Versuche, mit denen du die Welt um dich herum verstehen kannst. Erforsche, womit sich noch nie jemand befasst hat – und verzweifle nicht, wenn sich herausstellt, dass mal eine Hypothese falsch war. Das passiert in der Wissenschaft ständig – und auch das führt zu neuen Erkenntnissen. Wissenschaftler*innen überarbeiten ihre Versuche, mit denen sie den Geheimnissen der Welt auf den Grund gehen möchten, immer wieder und erweitern sie, um ihre Hypothesen auf den Prüfstand zu stellen. Also: Sei neugierig, sei erfinderisch und mutig, vor allem aber hab Spaß an deinen Garten-Experimenten!